Brico manía

*El placer*
*de construir*
*uno mismo*

# Brico *mania* 1

bainet media

# Brico manía

*Edición:* Bainet Media. S.A.
*Texto:* Bainet Media. S.A.
*Fotografías :* Laura 10m
*Cubierta:* RTO publicidad, S.L.



I.S.B.N.: 84-932768-4-7
Depósito Legal: BI-131-03

Uribitarte, 18 - 48001 Bilbao
Impreso y encuadernado en GRAFO,S.A.
Impreso en España *(Printed in Spain)*

# Índice general

# Prólogo

El bricolaje es una actividad que cada vez tiene más adeptos. Como *hobby*, ocupa y entretiene nuestro tiempo libre. Asimismo, soluciona infinidad de problemas domésticos con los que nos enfrentamos en nuestros hogares.

Me aficioné al bricolaje siendo aún un niño, y es que era una actividad habitual en casa. En seguida se convirtió en uno de mis *hobbys* preferidos y, con el paso del tiempo, la conjunción de afición y profesión se materializaron en un proyecto de programa de televisión nacido de la mano de la productora Asegarce que, en colaboración con Televisión Española, dio comienzo a la aventura de *Bricomanía*. Desde el verano de 1994, el programa se ha venido emitiendo semana a semana en la segunda cadena de TVE, convirtiéndose en el primero dedicado íntegramente al bricolaje.

En todo este tiempo hemos recibido infinidad de cartas de seguidores del programa solicitando información más detallada sobre los temas que abordamos, realizando consultas o pidiendo asesoramiento sobre problemas puntuales que querían resolver en sus hogares. Asumiendo esta demanda nos pusimos manos a la obra y decidimos editar un libro que, bajo el título de *Bricomanía,* recogiese con todo lujo de detalles treinta y dos trabajos de bricolaje, atendiendo a los criterios de calidad, variedad, sencillez y, sobre todo, practicidad. Además, completamos estos trabajos con una amplia lista de briconsejos ilustrados y trucos útiles. Esperamos dar así una respuesta a los seguidores del programa que venían demandando detalles y explicaciones amplias para seguir con su afición al bricolaje y la jardinería, pero también nos dirigimos a cualquier otra persona que, interesada en el tema, se quiera iniciar en estas actividades.

Este libro es el primero de una serie que espero sirva al «bricolador» aficionado como ayuda, tanto para realizar «chapuzas» caseras como para crear y realizar elementos útiles en sus hogares.

**Íñigo Urreaga Mendiola**
Director de *Bricomanía*

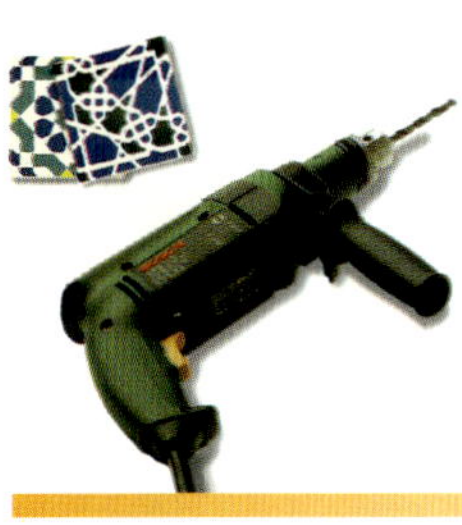

# El placer de construir uno mismo

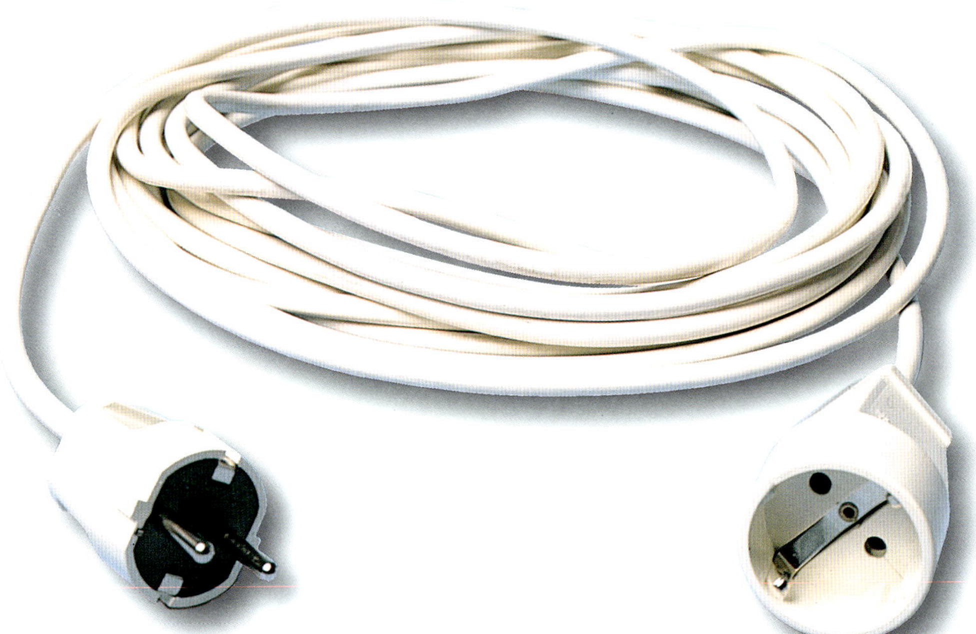

# ALARGA

## elé

*Un alargador eléctrico consta básicamente de dos conectores, uno macho y otro hembra, unidos a los extremos de un conductor.*
*Nuestro primer trabajo consistirá en realizar la instalación eléctrica más sencilla: un alargador eléctrico a medida.*

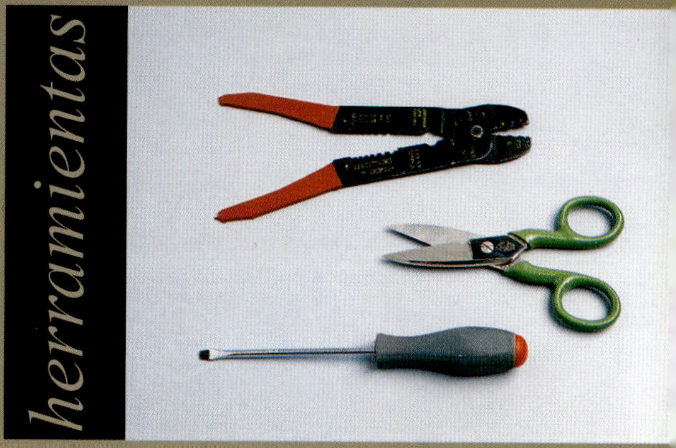


**Pelacables.**
**Tijeras.**
**Destornillador.**

# DOR

*ctrico*

**Cable de la sección adecuada.**
**Clavija macho y base hembra.**

# ALARGADOR *eléctrico*

Antes de ponernos manos a la obra escogeremos el material más apropiado para nuestra instalación. Existen cables paralelos, trenzados, con aislamiento común plano, aislamiento cilíndrico, cables de tres conductores con aislamiento cilíndrico plástico (PVC) o con revestimiento textil (denominación HR) utilizado para planchas. Escogeremos la sección del conductor en función de la potencia de los aparatos que vayamos a conectar.

En nuestro caso utilizaremos un cable flexible de tubo, es decir, cilíndrico, con 3 conductores (fundas negro, gris o rojizo, azul y verde-amarillo).

Los conectores también están sujetos a especificaciones técnicas. Clavijas de 10/16 amperios (ajustadas a los requisitos de las Normas UNE) servirán para la mayoría de aparatos de nuestro hogar. Estos conectores cuentan con 3 terminales (activo *–gris, negro* o *rojizo–*, neutro *–azul–* y tierra *–verde/amarillo–)*.

**1** Comenzaremos desmontando la base hembra soltando el tornillo de cierre de la carcasa.

Bastará retirar la tapa para descubrir las conexiones de los bornes.

Habitualmente estos terminales son de compresión, es decir, tienen un sistema de cierre por tornillo.

Soltaremos también el cierre de la lengüeta de freno que aparece sujeta por 2 tornillos.

**2** Pelar el cable conector es sencillo, pero tendremos CUIDADO DE NO DAÑAR EL CONDUCTOR interior.

Presentando el cable sobre el conector podremos marcar con exactitud la cantidad de cable que tendremos que pelar.

**3** Retiraremos primeramente la funda exterior cilíndrica practicando un corte longitudinal y descubriendo los 3 cables de colores.

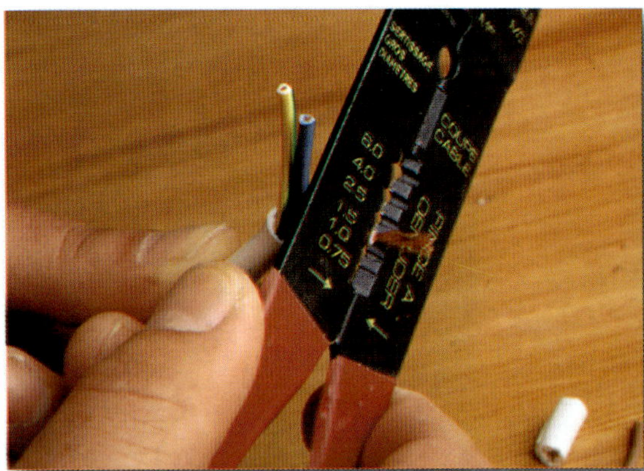

**4** Para pelar los cables de colores utilizaremos el pelacables. Insertaremos para ello aproximadamente 1 cm de cable en el agujero de sección correspondiente y cerrando la tenaza arrancaremos el plástico que protege el cobre.

Repetiremos la operación con los otros 2 cables.

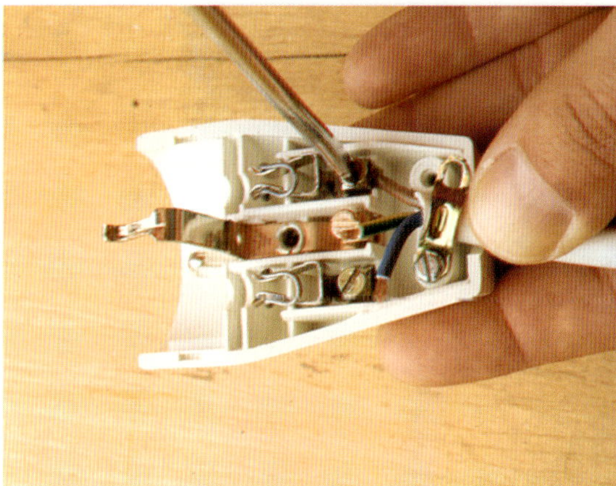

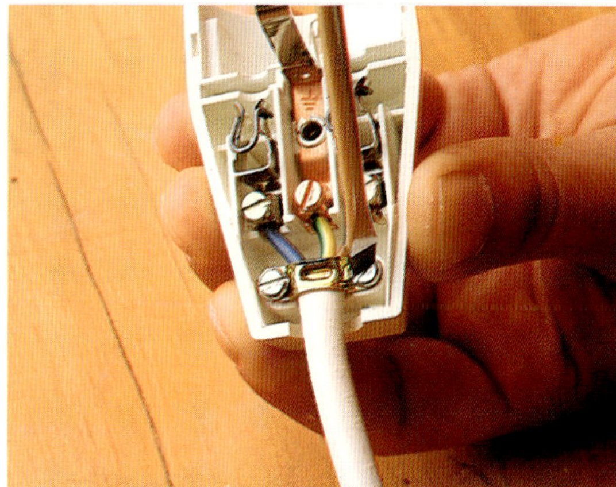

**5** Los cables azul y marrón (véase nota al comienzo del capítulo) tienen que ir conectados a los 2 terminales de contacto por presión.

Para ello los enrollaremos sobre su eje (para evitar que queden hilos sueltos) y doblaremos la parte desnuda antes de introducirlos en el orificio de los terminales correspondientes.

EVITAREMOS QUE QUEDEN HILOS DE COBRE SUELTOS, así como partes desnudas susceptibles de entrar en contacto entre ellas.

Apretaremos el tornillo de retención y comprobaremos con un pequeño tirón que ha quedado bien sujeto.

**7** Finalmente aprisionaremos LA FUNDA AISLANTE COMÚN, la exterior, con la abrazadera situada cerca del punto de entrada de la carcasa, apretando los tornillos.

Sólo nos queda cerrar la caja.

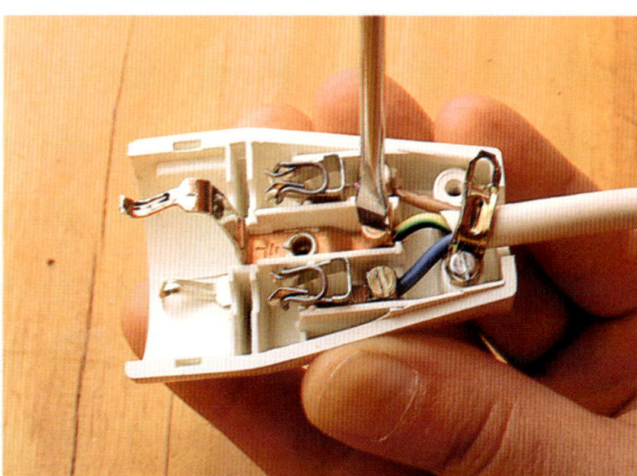

**6** Repetiremos la operación en el segundo terminal y finalmente en el contacto del centro correspondiente al borne de tierra (cable verde y amarillo).

Seguramente tendremos que cortar este último cable de tierra más corto que los 2 anteriores.

**8** La conexión de la clavija macho es idéntica, aunque los terminales correspondan a vástagos en lugar de a bornes con orificios de contacto.

## Advertencia:

En ningún caso conectaremos 2 clavijas macho a ambos extremos de un cable.

# Cambio de interruptor por *dimmer*

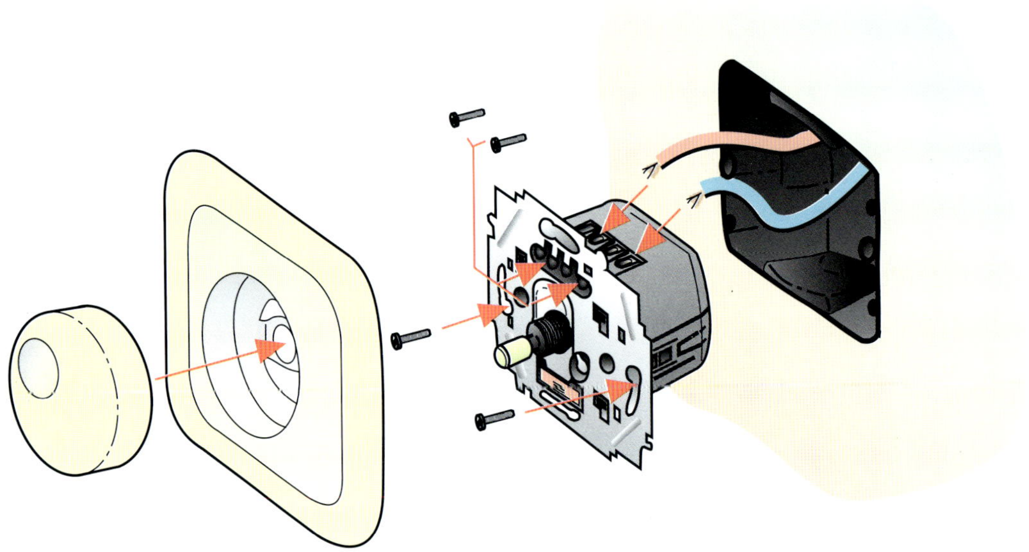

Cuando hablamos de un *dimmer* nos referimos a un regulador de intensidad lumínica. En castellano, la palabra adecuada sería reóstato, es decir, un regulador de intensidad o tensión.

Este tipo de reguladores solamente pueden ser utilizados en lámparas de incandescencia.

Para sustituir un interruptor por un *dimmer* nos tendremos que cerciorar de que el nuevo elemento encaja en el cajetín de base.

En la mayoría de los casos se trata de una caja universal, pero no estará de más cerciorarse.

Para la conexión, cortaremos primero la llave general de luz.

A continuación, bastará con suplantar el mecanismo del interruptor por el del *dimmer*, conectando los cables de fase, neutro y tierra en las conexiones adecuadas.

Con estos mecanismos, ya sean por sensor, presión o giratorio, podremos regular la intensidad lumínica creando ambientes muy sugerentes.

**T R U C O S** **MANTENIMIENTO Y LIMPIEZA**

El taladro es la herramienta del «bricolador» por excelencia. Perforar un agujero no reviste mucha dificultad si se escoge la broca adecuada y se posiciona el modo «giro» o «percusión» adecuadamente. Sin embargo, apuntad unos sencillos consejos:

Para taladrar sobre azulejo, picaremos el esmalte con un clavo. Una minúscula muesca será suficiente. También podremos colocar varias capas de cinta de carrocero para que la punta de la broca no se deslice.

ATENCIÓN, en azulejo o baldosa siempre regularemos el taladro en posición de giro sencillo, SIN PERCUSIÓN (de otro modo romperemos la pieza taladrada).

Utilizad un mártir, que es una pieza de desecho que se coloca contra la pieza trabajada, cuando no queramos astillar el agujero de salida de la broca. El mártir se coloca debajo de la pieza perforada, fuertemente pegada a ésta, de forma que el taladro traspase la pieza y penetre en él.

# Instalar cadena de seguridad en puerta

Existen diferentes modelos de cadenas y ganchos de seguridad para la puerta de entrada de casa. Es un accesorio muy fácil de colocar que nos permitirá abrir parcialmente la puerta y evitar que, desde el interior, los niños puedan colarse al exterior.

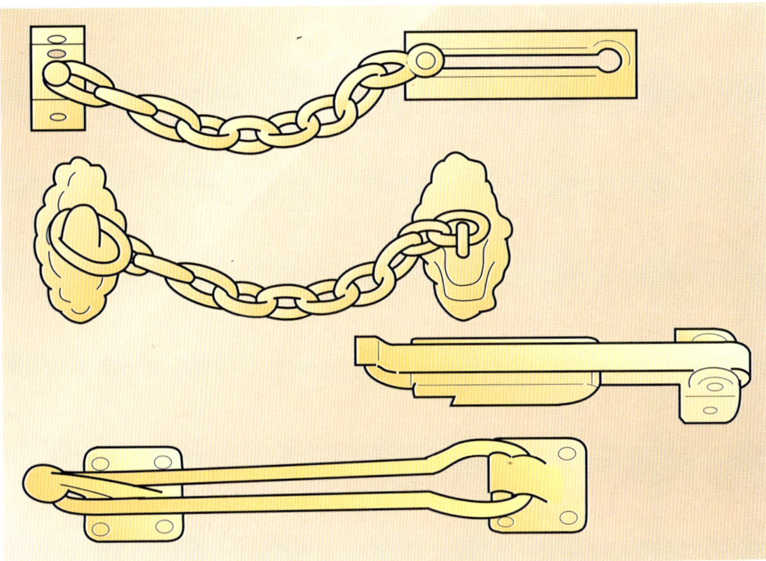

Antes de empezar a trabajar debemos comprobar si la jamba de la puerta, por sus características y forma, nos permite una óptima colocación de la cadena.

Conviene colocar el mecanismo a una altura a la que no accedan los niños y quede a mano para una rápida manipulación (un metro y medio por lo menos). Si la jamba tiene molduras tendremos que realizar un rebaje para lograr un buen asentamiento. Presentaremos las piezas en su ubicación y dibujaremos con un lápiz el contorno de las pletinas de sujeción.

Para el rebaje emplearemos un formón. Golpeando siempre con suavidad, cortaremos la madera por la parte interna de la marca que hemos realizado. Una vez que hayamos realizado un rebaje de aproximadamente medio centímetro, marcaremos el punto de inserción de los tirafondos con un punzón y los colocaremos.

El proceso será idéntico para la colocación de la pieza que va sobre la puerta.

TRUCOS

**CORTAR CON LA SIERRA DE CALAR**

La sierra de calar es una herramienta muy utilizada en bricolaje.

Una dificultad con la que tal vez topemos es el corte de piezas «interiores», es decir, que no tienen posibilidad de entrada de la hoja por un lateral de la pieza (por ejemplo, si recortamos el círculo interior de una rosquilla). Algunas sierras de calar potentes pueden «entrar» en la madera por la parte plana del tablero para serrar a continuación el grosor de la pieza.

Sin embargo, lo más sencillo será perforar un orificio en la tabla o chapa e introducir por éste la hoja para iniciar el corte.

Procederemos de forma similar cuando se trate de cortar en ángulo recto interior (y la hoja no dé margen de giro).

# CENTRO de

*La jardinería no tiene por qué reducirse a cuidar las plantas, mantener un precioso jardín o cortar los setos... También en nuestro hogar podremos jugar con espacios reducidos y no por ello menos interesantes.*

*Nuestra propuesta es bien sencilla: componer un original conjunto de plantas con cactus. Conseguiremos armonía de volúmenes y formas, integrando incluso un singular recipiente para la composición... ¡Para arrancarse de una vez por todas la espinita de «no tener mano verde»!*

# cactus

## herramientas

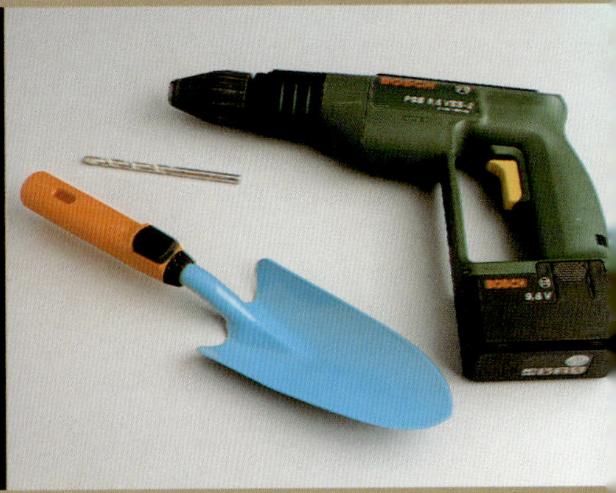

Pala de jardinero.
Taladro.
Broca.

## materiales

Cazuela de barro.
Piedras de drenaje.
Abono de riego o para tierra.
Tierra para macetas.
Arena.
Piedras o cantos rodados de decoración.
7 u 8 plantas de cactus.
Recipiente.
Guantes de jardinería.
Trapo.

# CENTRO
*de cactus*

**1** Seguro que en nuestro hogar tenemos un montón de cacharros que pueden resultar preciosos maceteros para los cactus. Nosotros nos hemos inclinado por la cazuela de barro. Lo primero será agujerear la cazuela para abrir una vía de agua de drenaje. Por este orificio se evacuará el excedente de agua que no empape la tierra.

Para el agujereado colocaremos cinta aislante en el punto de perforación; de este modo evitaremos que la broca deslice sobre el esmalte. Asimismo, colocaremos una base de madera de desecho bajo la cazuela para no dañar la mesa de trabajo durante la perforación.

**2** Efectuado el orificio de drenaje, colocaremos un lecho de piedrillas en el fondo de la cazuela (o maceta). De este modo evitaremos encharcamientos que afecten a las raíces en el fondo de la maceta. Con esta capa de piedras evitaremos también que junto con el agua se escapen la tierra y arena necesarias para el desarrollo de los cactus.

**3** Cactus para todos los gustos: cactus erecto, erizo y pelo de viejo. Procuraremos escoger especies diferenciadas por su altura, color y forma. Los colocaremos en la cazuela para hacernos una idea de la disposición.

**4** Los cactus necesitan muy poca agua. Por ello prepararemos una mezcla de tierra para tiestos y de arena, a partes iguales.

Como indicación, señalaremos que la proporción de tierra aumenta en función de la necesidad creciente de agua (es decir, que la arena propicia la circulación, y por ello, la evacuación de agua).

Nunca utilizaremos arena de playa. Es salada y quema las plantas.

**5** Retiraremos las plantas de los tiestos protegiéndonos con guantes gruesos y dispondremos los cactus sobre el lecho de piedras creando un equilibrio de volúmenes y colores.

Podremos ayudarnos de piedras decorativas para sujetar las plantas.

También dejaremos un espacio de separación entre las plantas. Los cactus crecen considerablemente a lo ancho y podrían ahogarse en la competición por el espacio...

**6** Rellenaremos los huecos con la mezcla de tierra y arena cubriendo todas las raíces.

**7** Es muy importante eliminar las posibles bolsas de aire que pueden haber quedado en la tierra. Para ello, lo habitual es regar abundantemente. En este caso, al tratarse de plantas que no gustan de mucha agua, trabajaremos con las manos. Comprimiremos la tierra, presionando con los dedos, pero sin apelmazarla.

**8** La guinda de esta composición será, en este caso, el guijarro, puesto que colocaremos piedrillas y pequeñas rocas decorativas que ambientarán nuestro desierto en miniatura.

# Cambio de maceta

La primavera es el momento de cambiar nuestras plantas de maceta, ya sea por motivos estéticos o de mantenimiento.

El aporte de tierra nueva viene a suplir el agotamiento de las reservas nutritivas y a corregir los excesos de humedad. También responde a la acumulación de raíces (cuando éstas asoman por el agujero de drenaje) y a las necesidades de desarrollo de nuestras plantas.

Si la planta está triste y las raíces afloran, es muy probable que requiera un cambio de tiesto; buscaremos uno de diámetro ligeramente superior.

Para la sustitución, regaremos la planta y dejaremos que repose durante una hora aproximadamente. El sustrato se separará de las paredes del tiesto. Invertiremos a continuación la maceta y golpearemos el borde contra una superficie dura, mientras sujetamos el cepellón con una mano. Cortaremos cuidadosamente las raíces podridas con unas tijeras de jardinero.

En el fondo de la maceta nueva colocaremos una capa de uno o dos centímetros de material de drenaje: tierra volcánica, gravilla o unos cascotes de una vieja maceta. Después añadiremos tres partes de tierra mezclada con turba y una de arenisca.

La arena propicia la circulación de agua, por ello aumentaremos su proporción cuando la planta prefiera un medio seco y viceversa.

Introduciremos el cepellón en el tiesto nuevo y rellenaremos los huecos presionando la tierra con los dedos. Regaremos abundantemente para eliminar las posibles bolsas de aire que puedan quedar en la tierra.

# Eliminar verdín

Escaleras, fachadas y todo tipo de rincones húmedos son lugares propicios para la aparición del verdín.

Con una limpiadora de proyección de agua a alta presión «arrastraremos» sin esfuerzo tanto el verdín como cualquier otro tipo de suciedad, como la grasa e incluso la pintura vieja.

Para poner el proyector de agua en funcionamiento debemos conectarlo a la toma de corriente y, a través de la manguera, a un grifo. La limpiadora consta de una pistola de proyección con cierre de bayoneta y una manguera. Conectaremos esta pistola a la máquina y, a su vez, acoplaremos a la pistola una lanza de alta y baja presión que posibilitará la limpieza del verdín.

Cambiando de posición la punta de la lanza, obtenemos distintos grados de presión y una proyección más o menos abierta del chorro.

El ángulo de proyección de la lanza es ajustable hasta 90°. La limpiadora de alta presión nos será también muy útil para limpiar desagües o una bicicleta llena de barro.

T R U C O S

**JARDINERÍA**

Para acabar definitivamente con la mala hierba, después de arrancarla, rociaremos la tierra con agua con sal (una parte de sal por cada cinco de agua). También desaparecerá si echamos un puñado de sal gorda.

# DECAPAD

*Muchos trabajos de bricolaje y prácticamente la totalidad de los de restauración conllevan un proceso de decapado. Se trata de la eliminación física, química o térmica del recubrimiento.*
*Existen técnicas de decapado de gran eficacia, como el chorro de arena o la inmersión química.*
*Aunque algunos de estos métodos resultan complejos y caros, las técnicas del decapado básico son, como veremos, sencillas y muy eficaces.*

# NTES

## herramientas

Lana de acero.
Lija.
Soplete.
Pistola eléctrica de calor.
Espátula y rasqueta.
Brocha.
Destornillador.

## materiales

Gel decapante.
Guantes de goma.
Recipiente de cristal.

# DECAPANTES

1 Empezaremos retirando los tiradores y todos los elementos añadidos que no vayan a ser decapados y puedan molestar en el proceso.

## DECAPADO FÍSICO

2 El procedimiento de decapado más sencillo y común es el físico.

Dicho de este modo resulta confuso, sin embargo, nos referimos al simple lijado.

El papel de lija actúa como un abrasivo realizando microarañazos, más o menos importantes, en función del grano del papel, que eliminan las capas superiores de la superficie lijada. Cuando se trata de madera, eliminaremos estratos de fibra, y si es una superficie pintada o barnizada, las capas de revestimiento.

Cuando trabajemos con papel de lija ablandaremos el folio en el borde de la mesa. Lijaremos con energía, siempre en el sentido de la veta, de modo que los «arañazos» queden disimulados con las fibras de la madera.

## DECAPADO QUÍMICO

*Como su nombre indica, el decapado químico se efectúa por procedimientos químicos.*

*Se emplean decapantes en gel o líquidos que actúan derritiendo el recubrimiento aplicado sobre la superficie. Cuando se trata de madera, el decapante actúa sobre la pintura o barniz sin afectar a la madera. El resultado puede verse perjudicado cuando el revestimiento lleva una primera aplicación de tapaporos.*

*Cuando utilicemos estos productos es importante tomar precauciones: usar guantes e incluso gafas, no fumar y trabajar en un lugar ventilado.*

*También tendremos siempre a mano un cubo con agua.*

3 Para el decapado químico, verteremos el decapante a un recipiente de cristal (nunca de plástico) y aplicaremos el gel con una brocha de cerda natural.

4 Transcurridos entre 5 y 20 minutos (según el fabricante) comprobaremos que la pintura se derrite, cuarteándose como si «se cortara».

Con la rasqueta y una espátula retiraremos la pintura desprendida, repitiendo la operación hasta que quede la madera al desnudo.

## DECAPADO TÉRMICO

*El decapado térmico consiste en la aplicación de calor con el fin de reblandecer o resecar el recubrimiento de la madera y poder de este modo retirarla con más facilidad.*

*La fuente de calor más común es el fuego, aunque hoy en día existen potentes pistolas de aire caliente.*

5 **Pistola de aire caliente:**

La pistola de aire caliente presenta muchas ventajas prácticas respecto al soplete (cuya utilización veremos más adelante), puesto que no hay llama y podemos regular la temperatura del aire expulsado.

Resulta una herramienta muy eficaz para el decapado, aunque una exposición prolongada ennegrecerá la madera.

Calentaremos la superficie que vayamos a decapar, con la boca de la pistola a distancia, sin que llegue a ennegrecer la madera.

La pintura se resquebrajará o ablandará rápidamente, retiraremos la pistola y rasparemos con la rasqueta o la espátula.

En las partes de difícil acceso podremos retirar la pintura con un cepillo de púas metálicas.

6 **Candileja o soplete:**

El ancestro de la moderna pistola de aire es la candileja o soplete de butano.

Necesitaremos una boca ancha y al encender regularemos la potencia de la llama hasta que se torne azulada.

7 Cuando procedamos a un decapado térmico, particularmente con el soplete, tomaremos todas la precauciones lógicas al manipular fuego y una bombona de butano. En particular, limpiaremos las superficies de decapante químico y el entorno de botes de pintura o productos inflamables.

En la foto podemos apreciar la espátula triangular, una interesante herramienta con la que accederemos a rincones de difícil acceso.

8 A continuación, sellaremos los agujeros y rasguños con pasta de madera y, una vez seca, acabaremos el trabajo lijando suavemente toda la superficie.

### Advertencia:

En el caso del decapado químico, una vez terminado el decapado global limpiaremos la superficie con agua jabonosa y dejaremos secar.

Probablemente queden resquicios de pintura o barniz que eliminaremos con el lijado a mano.

# Las lijas

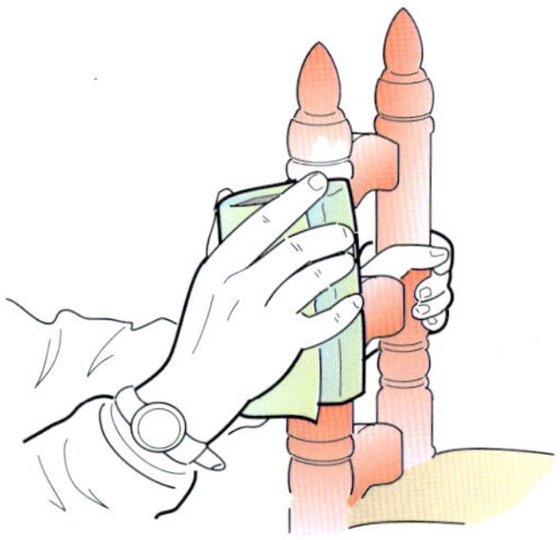

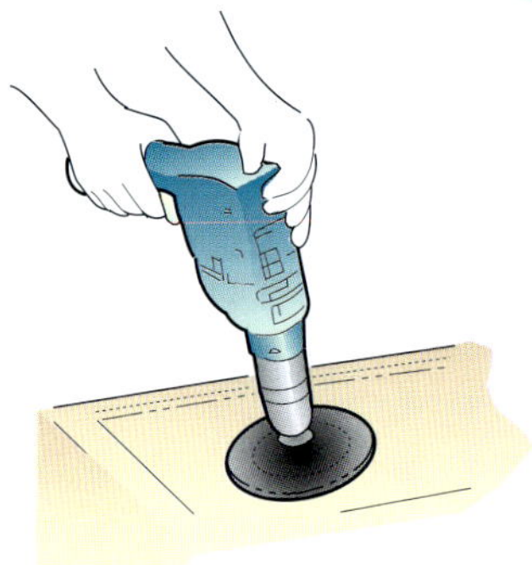

T R U C O S

**MANTENIMIENTO Y LIMPIEZA**

Los golpes en la madera se pueden arreglar, en muchas ocasiones, si ponemos inmediatamente después de producirse el golpe un algodón empapado en leche caliente sobre la zona hundida.
Dejando actuar la «cataplasma» durante unas horas, la madera se hinchará y recuperará su volumen inicial.

Los abrasivos son un elemento indispensable para muchos trabajos previos o para el acabado. Es un material que sirve para pulir o alisar la madera y otras superficies.

La lija está constituida de un soporte de papel o fibra recubierto en una de sus caras por material abrasivo de gran dureza. Su grosor variará según el grado de poder abrasivo requerido.

Estos materiales «arañan» el material produciendo microsurcos que desprenden partículas de la superficie.

Escogeremos el granulado en función del trabajo que se tenga que hacer: el grano más basto para un lijado agresivo o desbastado, y el más fino para el pulido final.

Para lijados manuales utilizaremos el papel de lija: el corriente, que se usa para lijar madera. La tela de esmeril se emplea para superficies metálicas y la lija al agua, que se utiliza con agua como elemento lubricante en la abrasión, para el lijado fino o pulido de superficies.

Los papeles de lija para lijadoras eléctricas se colocan en herramientas portátiles y presentan distintos formatos: rectangular, triangular, circular, siempre en función de la máquina.

# Reparación de rasguño del empapelado

Reparar rasguños o rotos en el papel pintado resulta muy fácil, especialmente si se han guardado los restos del papel que sobró cuando se colocó. En primer lugar, con un cúter o tijeras, recortaremos un trozo de papel del que sobró en su día.

Levantaremos el trozo de papel auxiliar, y después humedeceremos con un poco de agua la zona delimitada por los cortes en el papel dañado. Bastarán unos minutos para que el papel se retire con facilidad. Encolaremos el trozo de papel nuevo por el dorso y

T R U C O S

**MANTENIMIENTO Y LIMPIEZA**

Si en el interior del armario del calzado se coloca un recipiente o un saquito con un poco de serrín, además del olor absorberá la humedad.

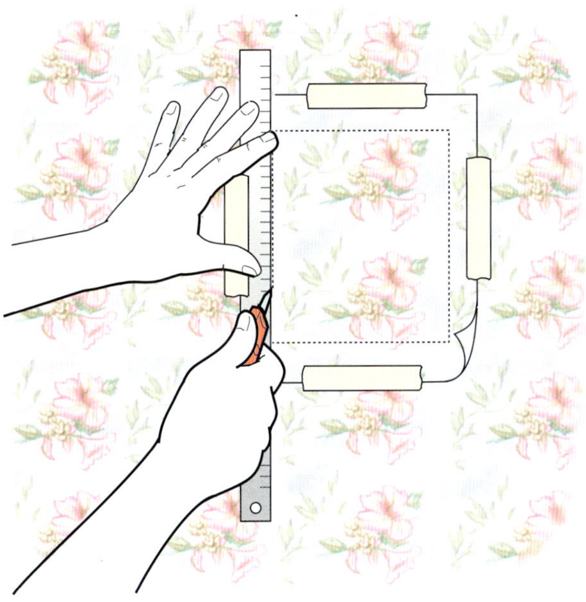

Lo colocamos sobre la zona dañada, procurando que case perfectamente el dibujo de ambos papeles. Para la sujeción emplearemos cinta de carrocero. Ayudados por una regla y un cúter haremos cuatro incisiones profundas, en forma de cuadrado, que alcancen a ambos papeles.

repetiremos la operación en la parte de la pared que nos ha quedado desnuda.
Cuando la cola haya reposado procederemos a pegar el petacho cuidando de que los motivos del papel casen.
Eliminaremos con un trapo húmedo el exceso de cola... y, ¡visto y no visto!

T R U C O S

**MANTENIMIENTO Y LIMPIEZA**

Las rayas negras en los suelos, producidas por los tacones y juguetes, se eliminan fácilmente frotando con una simple goma de borrar.

# TRATAMI

# *contra la ca*

*La carcoma es un insecto xilófago, es decir, que come madera.*
*Las hembras adultas tienen la molesta costumbre de poner los huevos en las grietas y agujerillos de la madera.*
*De estos huevillos salen larvas, pequeñas (1 o 2 mm) pero voraces, ya que en lugar de salir al exterior penetran en las vetas de la madera royendo largas galerías.*
*La presencia de la carcoma se hace patente con la aparición de unos pequeños orificios. Se trata, en realidad, de los agujeros de salida de las larvas, que transcurridos 3 o 4 años se convierten en crisálidas.*
*La aparición de los orificios coincide siempre con el verano, de ahí que la época ideal para el tratamiento anticarcoma sea entre otoño y primavera.*
*Si los destrozos en el interior de la madera no son irreversibles, nos queda una posibilidad de salvar el mueble...*

herramientas

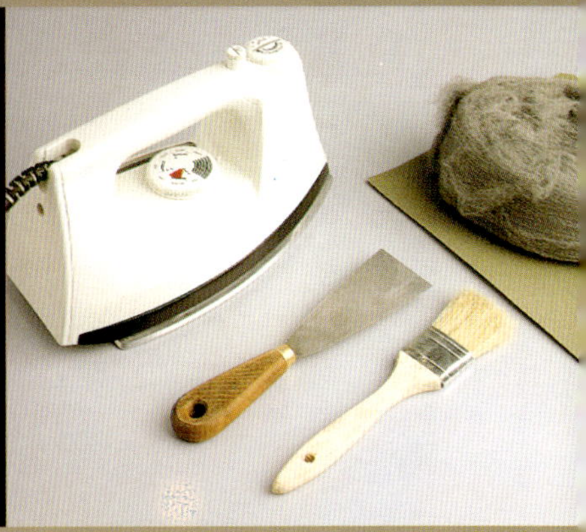

Plancha.
Lana de acero.
Lija.
Espátula.
Pincel.

# ENTO

# *rcoma*

materiales

1 recipiente de cristal.
Líquido desencerador o decapante.
Matacarcoma.
Masilla o pasta de madera.
Guantes de goma.
Barras de cera de colores.
Jeringuilla.
Plástico.
Periódicos viejos.

# TRATAMIENTO
## *contra la carcoma*

Matar la carcoma es un tratamiento sencillo, pero para llevarlo a cabo adecuadamente es necesario conocer el proceso.

La acción del líquido que aplicaremos actuará a través de la madera. Por ello es indispensable abrir el poro de la fibra y empaparlo bien.

**1** Para abrir el poro tendremos que decapar la madera eliminando todo el recubrimiento, ya sea pintura o barniz. Utilizaremos lana de acero embebida en un desencerador. Si el mueble está pintado será necesario un decapante (seguir atentamente las indicaciones de uso), o bien el proceso mecánico de lijado.

En el capítulo «Decapantes», ya hemos tratado con detalle las distintas técnicas de decapado.

**2** Limpiaremos seguidamente la superficie de polvo y cubriremos bien la zona de trabajo, así como la piel, cara (con mascarilla) y ojos (el producto matacarcoma es altamente tóxico).

Brocha en ristre, y sin miedo, empaparemos la madera. El líquido matacarcoma tiene que penetrar por los poros hasta los estratos más profundos del material.

Os aconsejamos realizar este tratamiento en un lugar muy bien ventilado, y mejor aún, en el exterior.

Extremar la cautela en el empleo de este producto no estará de más.

**3** Continuaremos la cruzada contra la carcoma con la jeringuilla. Será necesario inyectar líquido en cada uno de los agujerillos (sin miedo a que desborde) inundando todas las galerías... ¡Pero no nos equivoquemos!... No se trata de ahogar las larvas, puesto que el orificio indica que éstas ya han huido. Lo que en realidad pretendemos es ahondar en el empapado de la madera a través de los túneles excavados en el interior de las fibras.

### Advertencia:

Muchos de los materiales utilizados en trabajos de bricolaje resultan altamente tóxicos o nocivos para el medio ambiente. Un buen conocimiento de éstos y, sobre todo, su adecuada manipulación y desechado nos beneficiarán doblemente, en nuestro provecho directo y a través del respeto al medio ambiente.

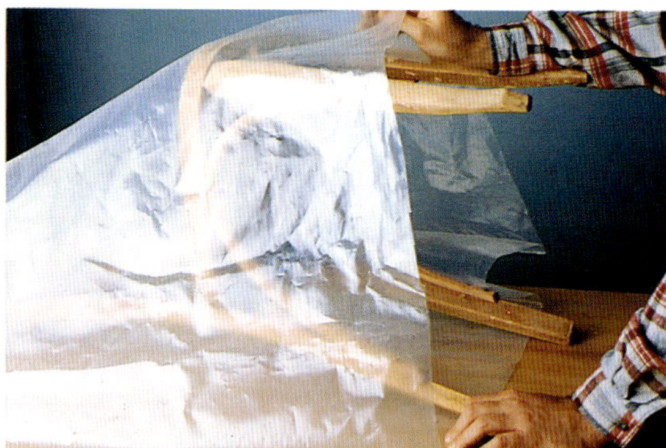

**4** Proseguiremos envolviendo la silla en un plástico que sellaremos térmicamente.

Aunque con el empapado previo difícilmente hallaremos carcoma que se resista, mejoraremos el tratamiento introduciendo, junto con la silla, un recipiente abierto con matacarcoma.

**5** La técnica del sellado es sencilla: cerrar la bolsa doblando el plástico y sellarla con una plancha de ropa aplicando calor. Evitaremos colocar la suela de la plancha directamente sobre el plástico (éste fundiría, manchando la suela) deslizando entre zapata y plástico una hoja de periódico doblada.

**6** Transcurridos 5 días sacaremos el mueble y procederemos a tapar todos los agujeros de la madera.

Utilizaremos una espátula y masilla de madera o cera de color (tendremos que calentar ligeramente la cera con una llama para manipularla sin dificultad).

La aplicación ha de ser enérgica, introduciendo masilla a presión en el interior del agujero y retirando el exceso.

**7** En unos 15 minutos la masilla secará, endureciendo, y podremos proceder a un lijado fino que elimine los excesos de masilla y deje la superficie bien lisa.

**8** La satisfacción del trabajo bien realizado no nos hará olvidar darle un buen acabado al mueble, pintándolo o barnizándolo.

¡Ah!... Y que el acabado escogido no quiera tapar los agujeros de carcoma... A menudo es la firma de un mueble bien envejecido, de madera añeja, la más apreciada por la carcoma...

# Fertilizantes

En el mercado existe una infinidad de abonos comerciales adaptados a las distintas necesidades de la jardinería.
Su dosificación y buen uso vienen indicados en el propio envase.
Existe, sin embargo, la posibilidad de utilizar abonos caseros que reciclaremos nosotros mismos.
Los restos de alimentos (cáscaras de huevo trituradas o peladuras de patata) pueden constituir un excelente abono.
También el agua sobrante de la cocción de verduras y de pescados, colados y, por supuesto, fríos.

Los rosales agradecerán las peladuras de plátano cortadas en trozos.

# Sargentos y mordazas

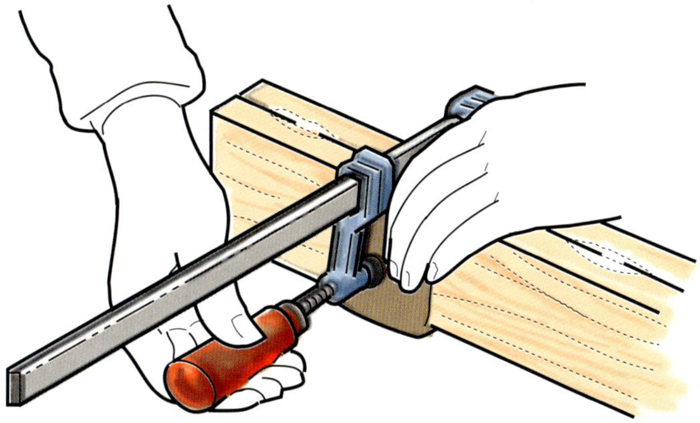

Los sargentos, mordazas o aprietes son útiles indispensables en toda buena caja de herramientas que se precie. Sirven para la retención o sujeción de piezas, mientras se trabaja con ellas o cuando pretendemos encolarlas. Por supuesto también podrán sujetar estructuras de construcción.

Existen diferentes tipos de mordazas, desde las tradicionales de torniquete, hasta las más modernas por sistema de presión manual o pistola.

Todas ellas constan de dos mandíbulas: una fija y otra deslizante a lo largo de un vástago.

Las modernas mordazas vienen con las mandíbulas recubiertas de goma con el fin de proteger la superficie durante el apriete.

El tamaño de los mecanismos de apriete varía en función de su uso y hallaremos mordazas de mesa, para ángulos rectos o de enmarcar e incluso con cintas metálicas flexibles para piezas complejas.

T R U C O S

**MANTENIMIENTO Y LIMPIEZA**

Si un cajón se atasca no hay que forzarlo, bastará con pasar por los carriles un trozo de jabón de tocador o de lavar, una vela o cera.

# REPARACIÓN D

# *de la ciste*

*España es la tercera consumidora de agua (por habitante) del globo...*
*Una medalla de bronce poco halagüeña...*
*Para evitar despilfarros del preciado líquido y un buen jarro de agua fría al recibir la factura de agua, veamos cómo reparar las fugas de la cisterna del WC.*

*herramientas*

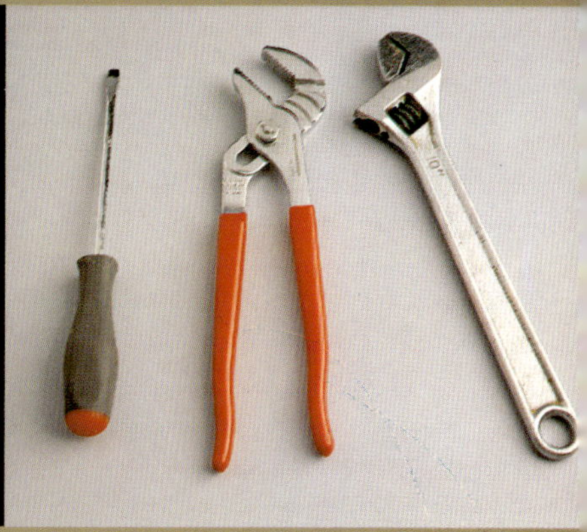

**Llave inglesa.**
**Mordaza o llave de pico de loro.**
**Destornillador.**

# E FUGAS
# *na WC*

*materiales*

**Recipiente.**
**Estropajo de aluminio.**
**Zapatas de goma.**

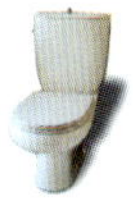

# REPARACIÓN DE FUGAS *de la cisterna WC*

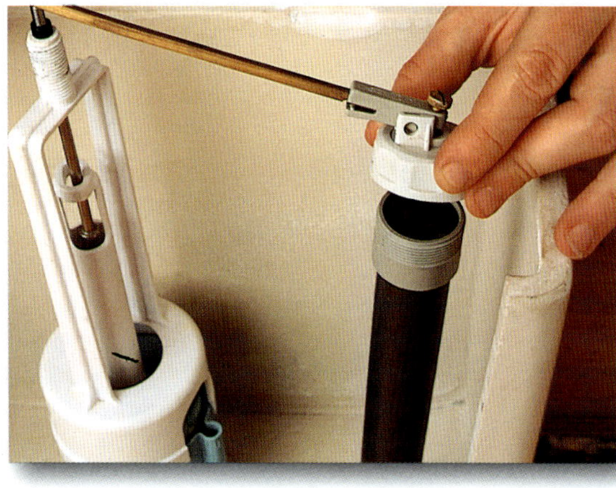

**1** Una avería muy común es la fuga de agua de la válvula de salida de la cisterna. El síntoma de esta disfunción es el incesante flujo de agua, incluso después de liberado el tirador de la cisterna.

Lo primero será descubrir los mecanismos internos de la cisterna.

Empezaremos aflojando el tirador de la parte superior de la cubeta.

**3** El siguiente paso será retirar el sistema de la válvula de entrada de agua constituido por el brazo y el flotador. Para ello desenroscaremos la tuerca de plástico situada sobre la válvula, es decir, en el extremo opuesto del brazo del que cuelga el flotador.

Retiraremos de este modo el mecanismo de presión del conjunto brazo-flotador y la tuerca de sujeción.

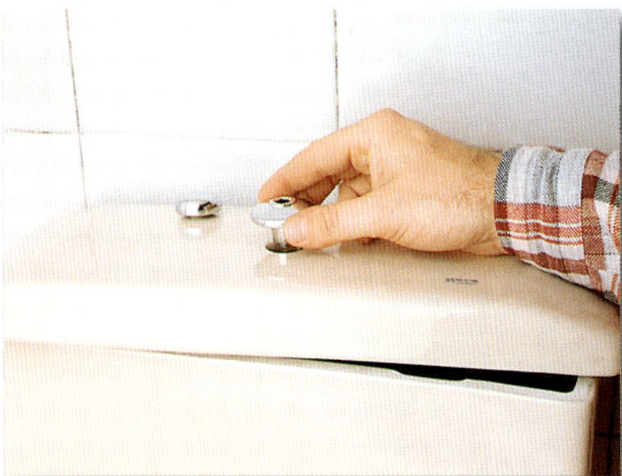

**2** Desenroscamos la guía y abrimos la tapa de la cisterna.

**4** Con el destornillador retiraremos fácilmente la zapata de la válvula de entrada.

**5** En medio de la cisterna se encuentra la válvula de salida del agua. Se trata de un mecanismo alargado fijado en su base a la parte inferior de la cisterna.

Para desmontarlo bastará con hacer girar el bloque completo.

Una vez retirado el pistón toparemos con una junta de goma por la parte inferior.

Se trata de la zapata de goma que, unida al pistón y accionada por el tirador, abre el paso de agua al inodoro.

El mal estado de esta zapata es a menudo el causante de muchas fugas de agua a través del retrete.

**6** Para retirar la zapata tendremos que aflojar la tuerca que la retiene. Si se resiste, podremos utilizar una mordaza o pinza de pico de loro, siempre con precaución de no dañar la pieza.

**7** Retiraremos la goma con los dedos. Si se resiste podremos utilizar el destornillador, pero también en este caso tendremos cuidado de no dañar el plástico.

En muchos casos, llegados a este punto, es recomendable sustituir la zapata por una nueva.

**8** En función del estado de deterioro de los cauchos, los limpiaremos con un estropajo de alambre o los sustituiremos por nuevos.

A continuación remontaremos el mecanismo siguiendo el orden inverso al desmontado, con precaución de no dañar las roscas de plástico.

# Reducir la capacidad de la cisterna

T R U C O S

**LIMPIEZA DE...**

OBJETOS DE BRONCE

No se pueden limpiar con productos comunes de limpieza del hogar porque pueden ser abrasivos. Conviene usar productos caseros o específicos que no dañen la pátina.

Si el material está muy sucio, es conveniente lavar primero el objeto en petróleo, después limpiarlo con una papilla hecha con pimentón y vinagre. Mezclaremos bien la masa y la aplicaremos con una brocha suave. Dejaremos actuar uno o dos minutos, y luego frotaremos con un paño que no suelte pelusa.

El bronce dorado recuperará su color y brillo si lo limpiamos con vino tinto caliente. Nunca utilizaremos vinagre o limón, ya que desprenderíamos la capa dorada embellecedora.

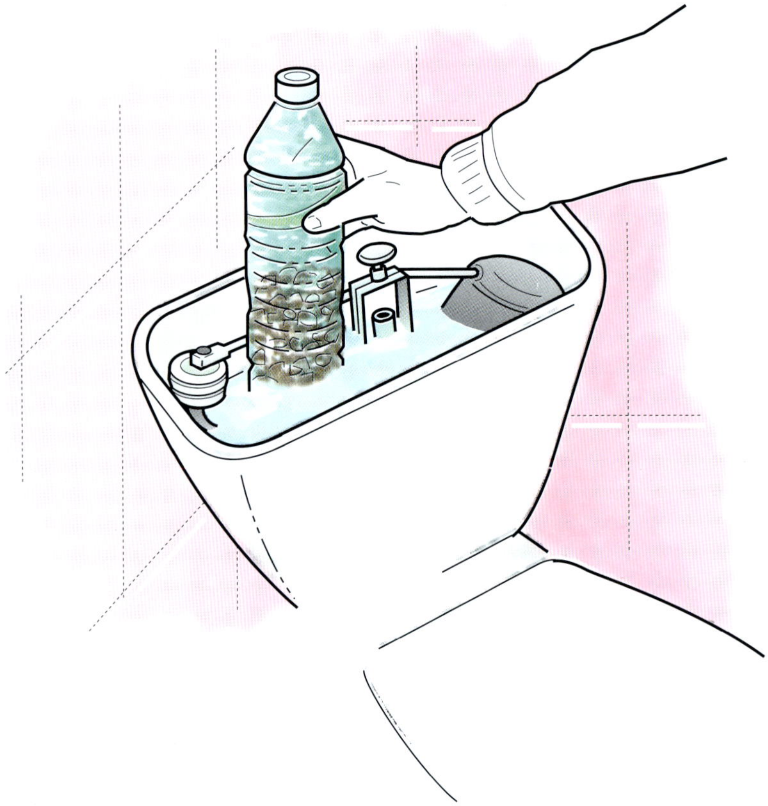

El agua es un bien escaso cuyo uso debemos controlar. Cada vez que utilizamos la cisterna, diez litros de agua bajan por el inodoro; si lo hacemos una media de ocho veces al día, son ochenta litros diarios.

La forma más barata y sencilla de reducir este consumo consiste en introducir un objeto que disminuya la capacidad de agua del depósito.

Emplearemos para ello una botella de plástico o cristal.

Quitaremos las etiquetas y colocaremos grava en el fondo de la botella a modo de lastre, sobre un tercio del volumen, y el resto lo rellenaremos con agua.

Retiraremos la tapa de la cisterna e introduciremos la botella verticalmente, con cuidado de no obstaculizar el funcionamiento de descarga del depósito.

Utilizando la cisterna una media de ocho veces al día, con este sistema ahorraremos entre ocho y dieciséis litros diarios, y hasta 4.800 litros anuales.

# Limpieza de sanitarios

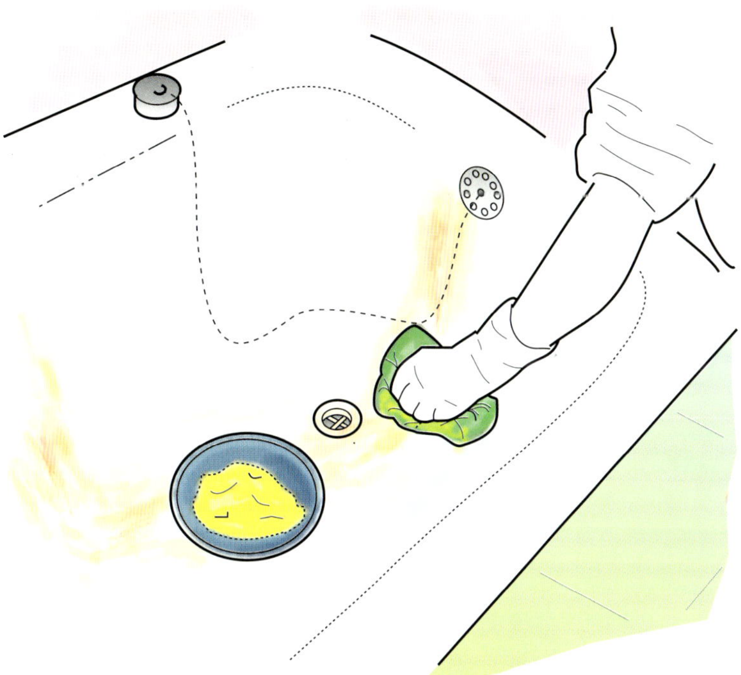

> T R U C O S
>
> **LIMPIEZA DE...**
>
> ESPEJOS
>
> Las manchas de grasa se limpian con una mezcla hecha a partes iguales con amoniaco, alcohol de quemar y agua, a la que añadiremos una cucharadita de glicerina líquida.

El esmalte de la porcelana de la bañera, ducha o lavabo, amarillea con el paso del tiempo. Para acabar con estas manchas, las cubriremos con una mezcla de zumo de limón o vinagre y dos cucharaditas de sal fina.

Dejaremos reposar la mezcla durante toda la noche y a continuación limpiaremos con ella la superficie deteriorada.

El exceso de humedad puede producir manchas de óxido. Las eliminaremos frotando con una mezcla de bórax y zumo de limón.

Cuando se trate de limpiar esmaltes vítreos no conviene abusar de los limpiadores ácidos ni de estropajos abrasivos. Lo ideal es utilizar un limpiador cremoso.

Existen en el mercado sanitarios de material acrílico que no son porosos. Es conveniente limpiarlos con lavavajillas, utilizando un trapo suave y eliminar las manchas frotando con medio limón.

Si en la bañera aparecen arañazos, los quitaremos con un limpiador de plata. Después sólo hay que abrillantar.

> T R U C O S
>
> **PINTURA**
>
> Para guardar las brochas a remojo practicaremos un orificio en el mango y pasaremos por él un trozo de alambre. El alambre reposará sobre los bordes del tarro con agua o disolvente sin que las cerdas toquen el fondo. De este modo evitaremos que se deformen.

# REPARAC

## *de pir*

*Reparar el pinchazo de la bici es un trabajo sencillo que con la moda de la* mountain bike, *práctica de alto índice de pinchazos, no está de más controlar a la perfección. Aunque siempre llevemos a cuestas el material básico de reparación..., el problema es pinchar en plena campiña y poder llegar hasta un punto de socorro (en el que dispongamos al menos de agua). Siempre nos queda el recurso de atiborrar la cubierta de hierba (que amortiguará los golpes) y buscar un punto de agua...*

## herramientas

Cubeta de agua.
Bomba de inflado.
Llaves «desmontables» para retirar la cámara.
Lija fina.
Cartucho de aire comprimido autorreparador.

# CIÓN
# *chazo*

## materiales

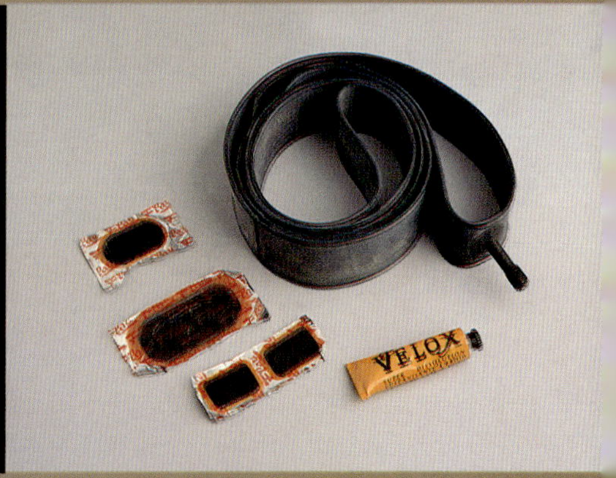


Cámara neumática.
Parches.
Cola de contacto.

**1** **Cambio de cámara:**
Para retirar la rueda del eje soltaremos el mecanismo del freno, puesto que la mordaza de presión aprisiona la rueda.

**2** Abriremos la palanca de apertura rápida: en los mecanismos viejos desenroscaremos la palomilla.

**3** Con la rueda en el suelo retiraremos el tapón de protección de la válvula de aire y deshincharemos por completo la cámara.

**4** La operación más delicada es retirar el neumático insertado a presión dentro de la llanta. Para ello introducimos las llaves desmontables entre la llanta y la cubierta, con cuidado de no pellizcar la cámara que se encuentra en su interior.

**5** Haciendo palanca sacamos la cubierta. Retiramos el tornillo de la válvula de aire. Revisamos el interior de la cubierta para cerciorarnos de que no hay ninguna piedrilla ni elemento punzante.

Llegados a este punto podemos sustituir la cámara pinchada por una de recambio.

Volvemos a colocar la válvula en su sitio e introducimos la cubierta sin pellizcar la cámara.

Inflamos la rueda.

Apretamos bien los frenos y la palomilla.

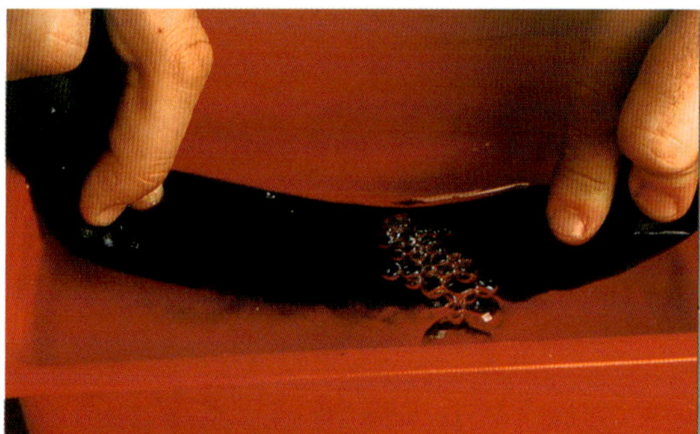

**6** **Reparación del pinchazo:**

Hinchamos a medias la cámara con el inflador de mano.

Buscamos la ubicación exacta del pinchazo, introduciendo la cámara, por partes, en agua. Comprobaremos que del pinchazo sale un hilillo de burbujas y marcaremos con un bolígrafo o tiza el lugar exacto.

Revisaremos toda la cámara para asegurarnos de que no tiene más escapes.

**7** El perfecto encolado del parche requiere una superficie seca.

Lijamos suavemente la zona del pinchazo anteriormente marcada para eliminar grasa y polvo, al tiempo que dejamos la superficie un poco áspera.

Aplicamos cola de contacto vulcanizante (reacciona realizando una pequeña soldadura).

**8** Transcurridos 5 minutos aproximadamente, cuando la cola no se pegue al dedo, colocamos sobre la superficie un parche de las medidas adecuadas.

Los parches llevan una protección de celofán en la parte que irá en contacto con la cámara. La retiraremos y comprobaremos que tiene una superficie adherente.

La colocaremos bien centrada sobre el pinchazo y presionaremos con fuerza. La cola seca casi de inmediato.

Verificaremos, de nuevo con la cubeta de agua, que el escape de aire ha desaparecido.

*Existen también unas pequeñas bombas de inflado que a su vez reparan los pinchazos por medio de una cola pulverizada.*

*Como prevención, también podremos colocar una protección de fibra entre la cámara y la cubierta para impedir que los pinchos que atraviesen la cubierta puedan dañar la cámara.*

# Los alicates

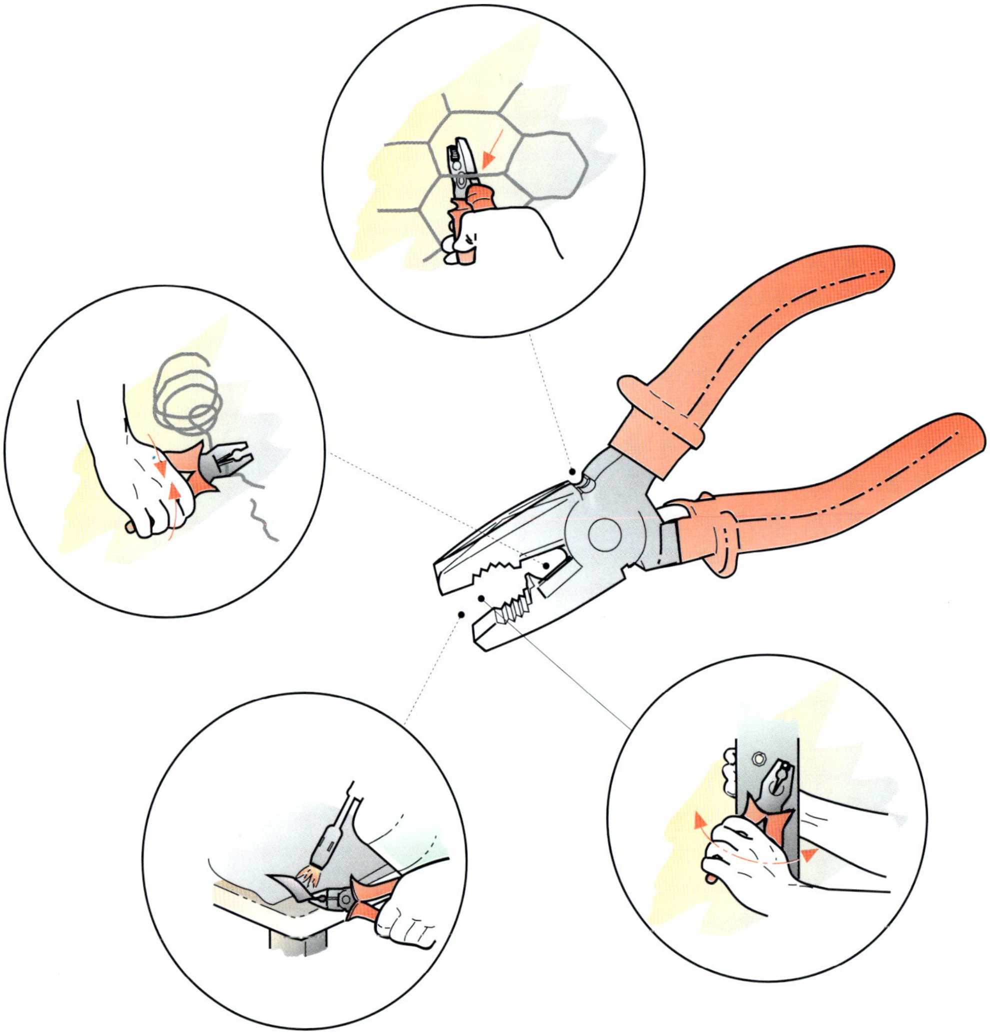

Los alicates son herramientas que funcionan aplicando la ley de la palanca para multiplicar la fuerza de la mano en trabajos de corte o moldeo de piezas muy rígidas o de tamaño muy reducido.

Básicamente, los alicates sirven para agarrar (piezas candentes, por ejemplo), para cortar (alambres o pelar cables), o para moldear (por ejemplo, modificar la apertura de una escarpia). El alicate universal, el más corriente, posee una boca dentada con mordazas planas muy útiles para sujetar con firmeza cualquier pieza.

Cuenta un poco más al interior con una mordaza curva, habitualmente con dientes, también para sujetar piezas con relieve. Más al interior todavía, posee una abertura con dos planos afilados para seccionar cables.

También al exterior, en el propio pivote de la mordaza, muchos alicates llevan un dispositivo de corte para pequeños alambres.

En el mercado hallaremos gran variedad de alicates con distintas configuraciones de apriete..., para los más especialistas...

# Técnicas para clavar

Ensamblar o unir piezas de madera con clavos o puntas es un técnica que todo buen aficionado a la carpintería debe conocer a la perfección.

Clavar un clavo parece un trabajo bien sencillo pero, como veremos, también esto tiene su secretillo.

Un error muy habitual y penoso es rajar la madera al clavar el clavo. Esto supone a menudo la pérdida de la pieza que queremos unir.

Para evitar este desaguisado, clavaremos siempre en oblicuo, evitando entrar en el mismo sentido que las fibras de la veta. Alternaremos también el sentido de la inclinación del clavo a izquierda y derecha en «V», de este modo reforzaremos además la unión.

Por supuesto escogeremos el grosor del clavo o punta (clavo de cabeza perdida) en función del ensamble.

Una vez introducida la pieza, el trozo de clavo que penetra en el elemento mas alejado de la cabeza debiera de ser una tercera parte del largo total del clavo. Aunque parezca extraño, un clavo o punta no tiene por qué tener punta, es decir, estar afilado. Muy al contrario, si achatamos el clavo golpeándolo un par de veces en la punta ésta no agrietará la madera con tanta facilidad.

Un truco muy sencillo, y que por descuido pocas veces utilizamos, es el de enjabonar o lubricar tanto clavos como tirafondos. De este modo las puntas penetrarán mucho mejor en la madera.

NO

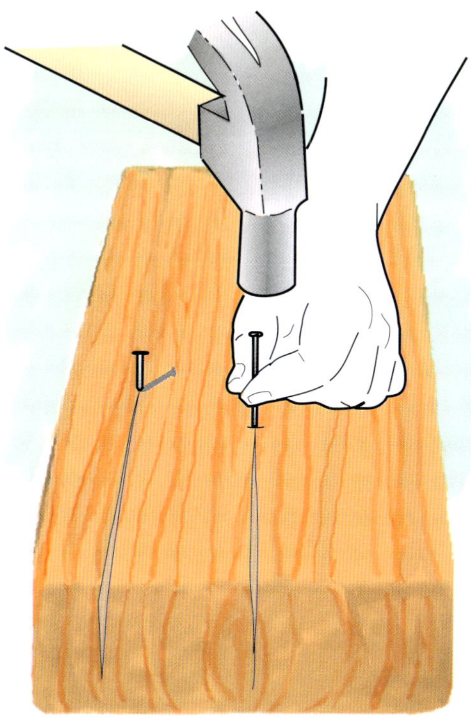

SÍ

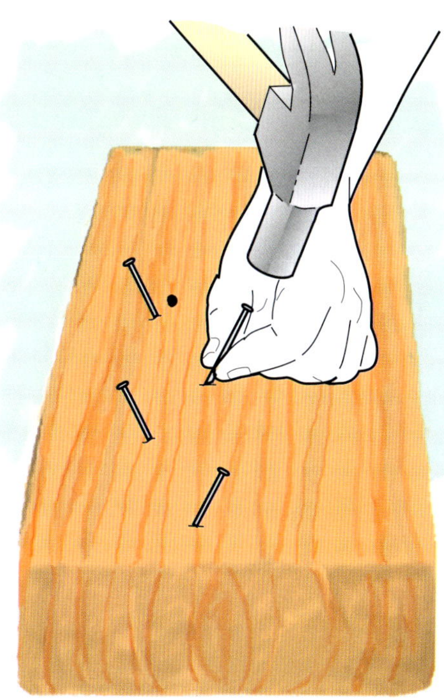

# ALICATA de

*La vieja mesa del desván puede ser objeto de admiración de los invitados. Nos bastará escoger un juego de azulejos y pasar unas pocas horas de trabajo en nuestro taller.*

## herramientas

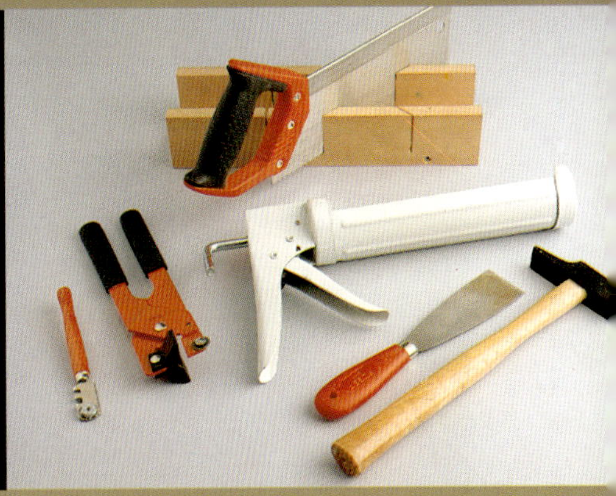

Serrucho.
Ingletera.
Cortador de cristal o azulejo.
Espátula.
Martillo.
Aplicador de silicona.

# mesa

## materiales

Azulejos.
Listones de madera para cantos (en forma de L).
Silicona.
Masilla para juntas de azulejo.
Clavos.

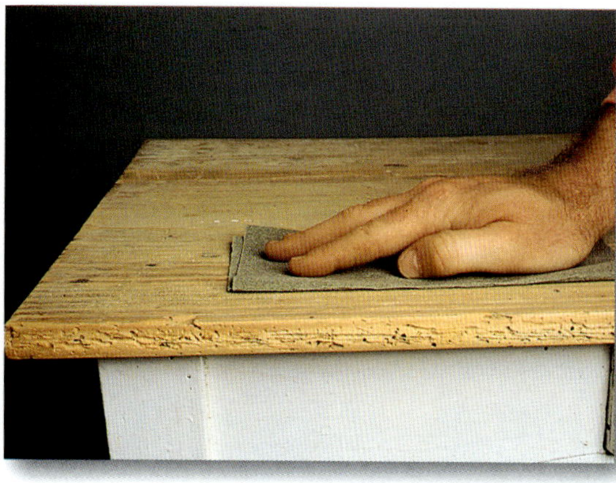

**1** Empezamos lijando la superficie para conseguir una perfecta adherencia de la silicona (eliminación de la grasa).

**2** La silicona necesita una superficie rugosa para adherirse con fuerza. Con un destornillador realizaremos surcos a lo largo y ancho de la superficie.

También suprimiremos los grumos de pintura, cola u otras imperfecciones que pueda presentar la superficie.

**3** Colocamos los listones (en forma de L) de enmarcado presentando primero los largos para marcar el punto de corte.

Realizamos el corte de los listones de enmarcado con la ingletera, a 45°, utilizando el serrucho de costilla.

En el momento de marcar la medida del listón de enmarcado, señalamos siempre la dirección de corte.

Con la medida del primer listón marcamos y cortamos el lado opuesto.

Para medir los largueros del ancho presentamos los perfiles cortados y los sujetamos con cinta autoadhesiva.

**4** Tomamos la medida del punto más ancho y presentando el listón marcamos la dirección del corte.

Una vez cortadas las 4 piezas, las encolamos y clavamos.

**5** Con el enmarcado listo, presentamos los azulejos y los colocamos exactamente en su lugar, dejando intervalos o rendijas regulares entre piezas en toda la superficie.

De este modo marcaremos los azulejos que tengamos que cortar, numerándolos para colocarlos posteriormente en su lugar.

Para el corte arañaremos el esmalte (guiados por una regla) utilizando el cortador. Con la misma herramienta, utilizando el alicate, romperemos la pieza con un golpe seco. El azulejo tiene que quebrar por la línea de rayado.

El cortavidrios se utiliza del mismo modo, salvo que romperemos el azulejo con la base del mango del martillo dando un golpe seco.

**6** Comprobamos que los cortes están bien colocando cada azulejo en su lugar; a continuación lijamos los cantos de los cortes para suavizarlos.

Retiramos todas las piezas (marcándolas si dudamos sobre su ubicación).

**7** Pegamos una a una las piezas, empezando por las esquinas y bordes, y progresivamente hacia el centro, hasta cubrir toda la mesa.

Aplicaremos un chorretón abundante de silicona a cada una de las piezas y las afianzaremos sobre la mesa presionando suavemente de modo que la silicona se esparza ligeramente. Evitaremos escalones entre azulejos procurando que estén todos a nivel, en un mismo plano.

La silicona secará en 20 o 25 minutos.

**8** A continuación aplicaremos con una espátula mortero o cemento para juntas.

Una vez seco, eliminaremos el exceso con una esponja mojada en agua.

# Silicona para juntas de cocina y baño

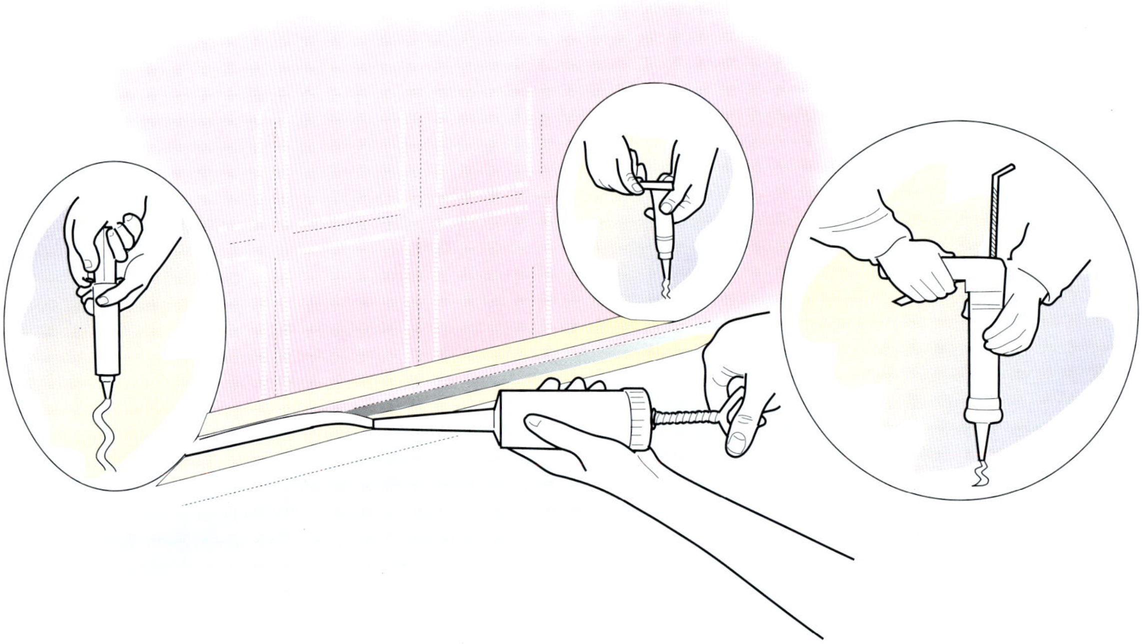

La silicona evita las filtraciones de agua y el paso de aire, polvo y ruido.

Es un adhesivo flexible y resistente al agua, pero con el paso de los años se deteriora, ennegreciéndose por la aparición de mohos.

En las juntas de azulejos, en las del lavabo o la bañera, una barrera de silicona de estanqueidad evitará filtraciones.

Existen siliconas para usos específicos, como las antimoho, indicadas para sanitarios.

Asimismo, encontraremos diferentes mecanismos aplicadores, pero en casi todos los casos, las «pistolas» tienen sujeciones estándar y los cartuchos son intercambiables.

Para sustituir la silicona, la retiraremos con una cuchilla afilada y limpiaremos bien la zona con un trapo humedecido en acetona.

Perfilaremos la zona de aplicación con cinta de carrocero.

Al cortar el pico del cartucho de silicona tendremos en cuenta la sección del orificio que dosificará la salida del producto.

Aplicamos un cordón de silicona y lo alisamos con el dedo impregnado en agua jabonosa para que no se nos quede pegado el producto en las manos.

Antes de un cuarto de hora, retiramos la cinta protectora.

### TRUCOS

**LIMPIEZA DE...**

MÁRMOL

Nuestro mármol quedará perfecto si después de limpiarlo con agua y jabón pasamos por toda la superficie un poco de zumo de limón con sal fina, lo enjuagamos con agua y lo secamos bien.

# Losetas para jardín

Cuando una zona del jardín sufre el paso frecuente de personas, resulta casi inevitable dañar el césped y embarrar el paso con el consiguiente deterioro del lugar.

Una solución práctica y estética es la colocación de pequeñas losetas o piedras que afiancen el sendero y protejan el césped.

Comenzaremos presentando las losetas sobre el césped. Con una pala o azada marcaremos sobre el terreno el contorno de cada losa ahondando un poco menos que el espesor de la pieza.

Procuraremos de este modo que la loseta quede un par de centímetros por encima del nivel marcado por el terreno.

Si el suelo tiende a enfangarse mucho o está poco asentado, cavaremos bajo cada losa un hoyo de unos veinte o treinta centímetros y lo rellenaremos con mortero.

Depositaremos a continuación la losa o piedra, dejando secar al menos durante veinticuatro días.

TRUCOS

**JARDINERÍA**

Obtendremos un potente insecticida contra las hormigas dejando en remojo varias colillas durante unos días. Este líquido, muy rico en nicotina, será un veneno para las hormigas, pero no perjudicará a las plantas. Para evitar que las hormigas entren en casa echaremos sal bajo las puertas.

# MUEBLE *compact*

*Una de las grandes ventajas prácticas del disco compacto es, sin duda, su reducido volumen. Para almacenarlos se puede encontrar infinidad de soportes en el mercado. Nosotros construiremos un pequeño mueble muy original que, además de guardarnos los discos, dadas sus formas de edificio clásico, nos servirá como elemento decorativo para un rincón de nuestro salón.*

## herramientas

Taladro, brocas y sierra de corona.
Sierra de calar.
Lijadora de banda.
Plancha (para cantear).
Brocha.
Ingletera y serrucho.

## materiales

# disc

Tablero aglomerado de 16 mm
chapeado en pino.
Piezas de: 2 de 44 x 20 cm.
1 de 36 x 16 cm.
1 de 41 x 18 cm.
Tabla de pino macizo: 1 de 48 x 12,5 x 3 cm.
4 de 5 x 2,5 x 0,16 cm.
2 de 5 x 5 x 0,16 cm.
8 listones cilíndricos de madera de pino
de 2,8 cm de diámetro.
Cinta de cantear.
Plancha de metacrilato: 1 de 39 x 10 x 0,6 cm.
Sujeciones para baldas.
Clavos y tirafondos.
Cola de carpintero.

# MUEBLE
*compact disc*

**1** La base del mueble está constituida por 2 planchas, otras 2 compondrán el techo.

Empezaremos cortando 4 tacos para las bases de las columnas.

Utilizaremos la ingletera para cortar rectángulos perfectos.

También tendremos que cortar 2 tacos en forma de «L» que colocaremos bajo los pilares de las esquinas frontales.

**3** Para ensamblar todas las piezas utilizaremos cola y tirafondos.

Comenzaremos pegando las tablas de la base bien centradas una sobre otra.

Dispondremos del mismo modo los 6 tacos dejando los mismos espacios entre las piezas frontales.

Para un perfecto encolado colocaremos una tabla (sin encolar, por supuesto) sobre el conjunto y, a modo de bocadillo, apretaremos con los sargentos.

**2** Proseguiremos canteando todos los cantos vistos de las piezas.

La cinta de canteo tiene que ser más ancha que el grosor de los tableros, de manera que sobresalga a un lado y otro.

Con la plancha caliente en posición «lana» presionaremos sobre la cinta colocada a su vez sobre el canto.

Cortaremos el exceso con una tijera y apuraremos el acabado con una cuchilla o con la lima.

Concluiremos el trabajo de preparación de las piezas con un lijado general de todos los cantos y superficies.

**4** Una vez seca la base, taladraremos con una broca de 4 mm el lugar donde irán ubicadas las columnas.

Con la misma pieza como guía marcaremos el emplazamiento exacto de las columnas también sobre el tablero superior, el del «techo». Para el marcado punzaremos con un destornillador o clavo a través de los orificios.

Con la broca de 4 mm abriremos un pequeño agujero guía centrado en ambos extremos de las columnas.

Sujetaremos estos pilares encolados y con tirafondos introducidos por la parte inferior y superior de base y techo.

**5** Sobre el tablero de pino macizo de 48 x 12,5 y de 3 cm de grosor, dibujaremos un triángulo que configurará el «frontis» del mueble.

Marcaremos también en el vértice superior del triángulo la ubicación de un agujero de 4,5 cm de diámetro que perforaremos con la sierra de corona.

El corte del triángulo lo efectuaremos con la sierra de calar. Colocaremos el dispositivo de movimiento de la cuchilla en «penduleo». De este modo, a medida que efectuamos el corte, el movimiento de penduleo evacuará el serrín evitando el recalentamiento de la cuchilla.

**6** Para perforar el «frontis» con la sierra de corona utilizaremos la torre del taladro.

El interior del orificio tendremos que lijarlo a mano, enroscando un folio de papel de lija.

## EL MATERIAL

| Pos. | Núm. | Denominación | Dimensiones |
|---|---|---|---|
| 1 | 1 | Tablero aglomerado de 16 mm chapeado de pino | 18 x 41 cm |
| 2 | 2 | Tablero aglomerado de 16 mm chapeado de pino | 20 x 44 cm |
| 3 | 1 | Tablero aglomerado de 16 mm chapeado de pino | 16 x 36 cm |
| 4 | 1 | Tablero de pino macizo, 3 cm | 12,5 x 48 cm |
| 5 | 4 | Tabla de pino macizo, 16 mm | 5 x 5 cm |
| 6 | 2 | Tabla de pino macizo, 16 mm | 5 x 5 cm |
| 7 | 8 | Listones cilíndricos de pino macizo | ∅ 2,8 x 30 cm |
| 8 | 1 | Plancha de metacrilato de 6 mm | 10 x 39 cm |

**7** Sólo queda fijar la segunda plancha superior y afianzar el «frontis» con cola de carpintero.

A nuestra elección queda el acabado que queramos darle a este curioso mueble.

En el caso de querer pintarlo, y al tratarse de madera nueva, tendremos que aplicar una base selladora antes del recubrimiento decorativo. Nosotros hemos elegido barnizarlo.

**8** A media altura de los pilares colocaremos, clavadas, las sujeciones para la balda de metacrilato. Se trata de pequeños tacos planos de plástico unidos a puntas.

Antes de colocar el metacrilato, no olvidaremos retirar el plástico de protección.

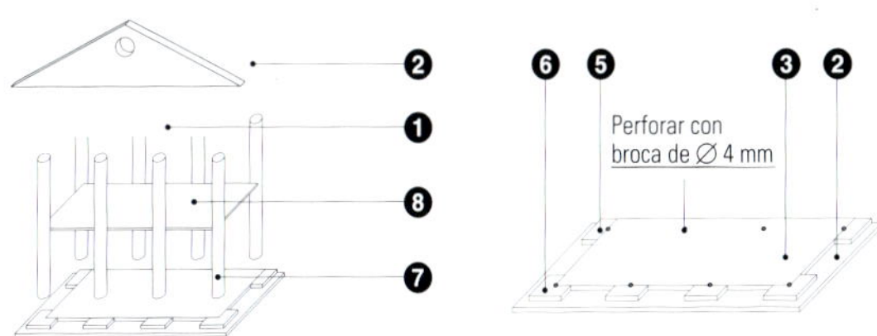


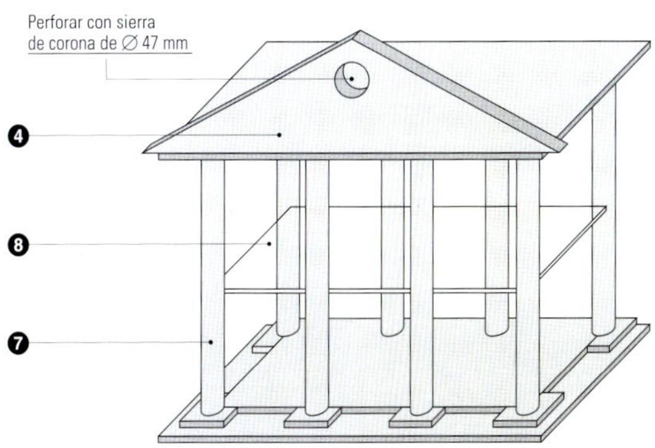

# Deslizamiento de muebles

TRUCOS

**MANTENIMIENTO Y LIMPIEZA**

Las burbujas en el contrachapado desaparecerán pasando una plancha caliente. El pegamento se ablandará y bastará una fuerte presión para que se vuelva a pegar. Para evitar que el tablero se queme pondremos un paño entre la madera y la plancha.

Desplazar un mueble pesado o de gran volumen de un punto a otro de nuestro hogar puede ser una odisea de grandes esfuerzos y sudores.

Echaremos mano de nuestro ingenio para ahorrar trajines y agotamientos innecesarios.

Un mueble grande y pesado, siempre que podamos levantarlo un par de centímetros, se moverá casi por sí solo si deslizamos bajo sus patas una alfombra, cartón o manta. Tiraremos de la manta, en el sentido estricto, evitando agacharnos y reduciendo al máximo el esfuerzo.

Para los suelos con moqueta, lo mejor es calzar o poner bajo las patas tapaderas de botes de conserva y el mueble patinará a las mil maravillas.

En el mercado también encontraremos una serie de accesorios que nos facilitarán la tarea de mover muebles, incluso patines permanentes que además protegerán el suelo de rayaduras.

TRUCOS

Cuando trabajemos con escayola es muy importante añadir la escayola al agua, y no al revés, para evitar de esta manera la aparición de grumos.

# Lubricar cerraduras

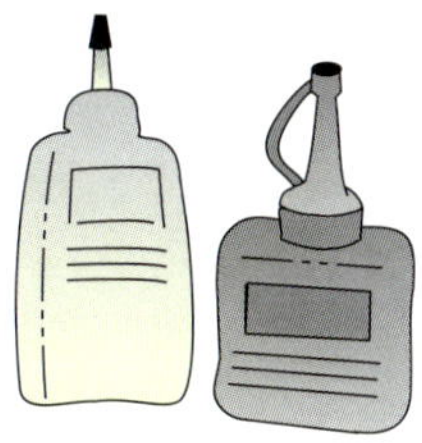


Una cerradura que no gira convenientemente no solamente resulta desagradable, además se corre el riesgo de que quede definitivamente agarrotada o que se rompa la llave.

La lubricación es una operación fundamental en aquellos mecanismos que rozan en su funcionamiento produciendo desgastes y originando calor... Y a menudo, también, estridentes chirridos...

La inmensa mayoría de los aceites destinados a la lubricación proceden de la destilación del petróleo crudo; este mismo producto puede constituir un lubricante de socorro. Para cerraduras y candados utilizaremos vaselina líquida muy fluida, aunque el grafito en polvo es la solución ideal. Adheriremos este polvo con el aplicador en el interior mismo de la cerradura.

A falta de grafito en polvo podremos utilizar la mina de un lápiz, frotando la llave con la mina e introduciéndola en la cerradura. Repitiendo esta operación veremos cómo la llave acciona el mecanismo a las mil maravillas.

T R U C O S

**MANTENIMIENTO Y LIMPIEZA**

Un trozo de tiza o una bolsita de tela llena de arroz, absorberán la humedad en la caja de herramientas preservando el material del óxido.

Si la herrumbre ha calado, limpiaremos el material con un estropajo empapado en aguarrás o petróleo.

# CAJON

# *bajo*

*En todos los hogares existen espacios muy interesantes para su aprovechamiento. El que está bajo la cama es uno de ellos. Con tablero chapeado y un sencillo ensamblaje con tirafondos* allen *fabricaremos un cajón al que, no cabe duda, daremos una gran utilidad.*

## herramientas

Taladro con broca de 7 mm.
Sierra de calar (con hoja de sierra para madera).
Lija.
Destornillador.
Lima escofina.
Plancha.
Mordaza para uniones en escuadra.
Brocha.
Punzón.

# ERA

# *cama*

## materiales

5 tablas de 16 mm chapeado en roble de las siguientes medidas:
1 tabla para la base de la cajonera de 120 x 76,8 cm.
2 tablas frontales cajonera de 120 x 30 cm.
2 tablas laterales cajonera de 80 x 30 cm.
6 metros de cinta de cantear de roble.
4 ruedas (de doble rueda) con sus tirafondos.
Aproximadamente 16 tornillos de cabeza *allen* de 8 mm.
Llave *allen* (del 8).
Barniz.
Masilla para madera.

# CAJONERA
## *bajo cama*

**1** Empezaremos preparando todo el material para su ensamblaje.

Lo primero será el corte de las planchas laterales de la cajonera (corte de las asas).

Utilizaremos una plantilla colocada sobre los tableros de 120 x 30 cm.

**2** Realizado el rebaje con plantilla, lijaremos la superficie. Esta operación nos garantizará la perfecta y regular adherencia de la cinta de canteo.

**3** Canteamos con cinta termoadhesiva de roble todos los cantos vistos de la cajonera. Con la cinta centrada, aplicamos calor con la plancha (posición «lana»). Eliminaremos bolsas de aire o zonas irregulares presionando con el taco de madera (que no dañe la superficie) y limamos el exceso de cinta con la escofina más fina.

El canteo suele presentar rebabas que la escofina no elimina a la perfección; para un buen acabado, lijaremos los cantos con lija fina.

**4** Ensamblaremos las piezas laterales con tirafondos *allen*.

Escogemos una broca de una medida inferior a la sección de los tirafondos que utilicemos y que realice un pequeño avellanado (parte superior regruesada).

Perforamos a 7 cm de la parte superior e inferior y a 8 mm del borde, de tal forma que el tirafondo se introduzca por el centro de la tabla que ensamblará a tope (canto sobre lateral).

**5** Presentamos el tablero lateralmente, sujetando con una mordaza en ángulo recto.

Agujereamos un orificio guía y atornillamos con la llave *allen*.

**6** Para colocar las ruedas necesitaremos tirafondos más cortos que el grosor de la tabla.

Marcamos con la base de las ruedas dejando un margen de 10 cm de los laterales.

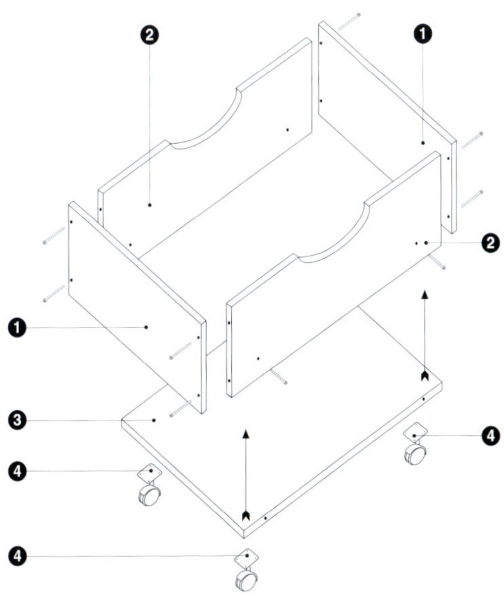

**7** Presentaremos el fondo del cajón introduciéndolo en los laterales (donde irá ubicado).

Colocamos unos tacos debajo de los laterales para elevarlo y dejar un espacio de forma que evitemos roces con el suelo o moqueta.

Medimos la altura a la que se encuentra la base (por el interior del cajón) y trasladamos esta medida al exterior (sumándole 8 mm, que corresponden a la mitad del grosor del tablero).

A esta altura perforamos con avellanado y ensamblamos con los tirafondos *allen*.

**8** Para el acabado lijamos todas las rebabas, colocamos tapones en las cabezas *allen* o las disimulamos con masilla de roble.

Para realzar el chapeado en roble terminaremos el trabajo barnizando el cajón con barniz incoloro.

## EL MATERIAL

| Pos. | Núm. | Denominación | Dimensiones |
|---|---|---|---|
| **1** | 2 | Tabla chapeado de roble, grosor 16 mm | 80 x 30 cm |
| **2** | 2 | Tabla chapeado de roble, grosor 16 mm | 120 x 30 cm |
| **3** | 1 | Tabla chapeado de roble, grosor 16 mm | 120 x 76,8 cm |
| **4** | 4 | Ruedas con sus tirafondos de 15 mm | |

# Topes para puertas

Existen muchos tipos de topes, pero todos cumplen la misma función: conseguir que las puertas, al abrirse, no golpeen la pared o los muebles más cercanos.

Estos accesorios suelen ir atornillados y pueden ser de plástico, goma o latón.

Para su colocación realizaremos un taladrado previo en el punto donde queremos colocar el tope.

Si el piso es de madera nos bastará con introducir un tirafondo, pero si es de cemento o piedra tendremos que introducir un taco, además del tirafondo.

En el mercado hallaremos también una surtida gama de topes adhesivos.

Además de bloquear el recorrido de apertura de la puerta, algunos mecanismos sujetan el batiente por medio de un sistema de abrazaderas metálicas o con sistemas de pinza. Estos últimos tienen un mecanismo desmontable y giratorio que podemos controlar con el pie.

Pero los topes no sólo se colocan en el suelo, también pueden instalarse en la pared. La ventaja de este tipo de frenos es que no molestan a la hora de fregar el suelo o pasar la aspiradora y no tienen el inconveniente de los posibles tropezones.

Al igual que los de suelo, pueden ir atornillados a la pared. Algunos mecanismos de retención, gracias a dos piezas imantadas, detienen la puerta suave, pero firmemente.

**T R U C O S**

Antes de usar las hojas de lija es conveniente hacerles perder su rigidez, deslizándolas varias veces por su lado liso sobre el canto de una mesa.

# Manchas de tinta y chicle en la moqueta

Que se pegue un chicle en la moqueta o se ensucie con la tinta de un bolígrafo o rotulador es algo habitual.

Para limpiar una mancha de tinta debemos aplicar una solución hecha a partes iguales con alcohol de quemar y vinagre blanco.

Utilizaremos un trapo humedecido, pero a su vez bien escurrido para evitar extender la mancha, y un trapo seco para retirar la tinta disuelta.

El vinagre, al igual que el ácido acético o el amoniaco, son productos que fijan el color de las moquetas y evitan que éstas se decoloren.

Siempre que nos enfrentemos a una mancha sobre una moqueta, debemos limpiarla desde el borde exterior hacia el centro, para evitar que se extienda más la suciedad.

En el caso de una mancha o pegote de chicle en la moqueta, lo que debemos hacer es pasar un cubito de hielo por la zona afectada, retirando a continuación la goma endurecida. Los restos de chicle que puedan quedar los quitaremos con alcohol de quemar o con aguarrás.

T R U C O S

**MANTENIMIENTO Y LIMPIEZA**

Si la vela no encaja en nuestro candelabro porque es excesivamente gruesa, la meteremos unos segundos en agua hirviendo; encajará sin esfuerzo. Si por el contrario «baila» en el candelabro o queremos colocarla en un recipiente más ancho, rellenaremos el hueco con cera derretida de otra vela.

T R U C O S

**MANTENIMIENTO Y LIMPIEZA**

Para introducir un tornillo en la madera con más facilidad, pasar primero la rosca por un trozo de jabón seco. Este truco resulta también muy efectivo para fijar clavos.

# CONSOL

*Una silla mal asentada deja de ser un buen asiento...*
*Nunca mejor dicho.*
*Con materiales básicos y las herramientas más comunes,*
*afianzaremos nuestra silla favorita.*

## herramientas

Taladro.
Lijadora delta.
Sierra de calar.
Destornillador o atornilladora.
Espátula.
Marcadores.
Serrucho.
Martillo de plástico, de metal y punzón.
Brocha.
Tope para broca.

# DAR *sillas*

## materiales

Tubillones.
Cola de carpintero.
Cuerda.
Pasta de madera.
Escuadras de metal y madera.
Barniz.

**1** **Caso 1:**

Vamos a empezar consolidando una silla con escuadras de madera y metal, dos soluciones muy sencillas.

Tendremos que atar primeramente la silla con cuerdas, protegiendo la madera con trozos de cartón.

Tensamos las cuerdas realizando un torniquete con un listoncillo de madera.

Con las escuadras metálicas es muy sencillo.

Bastará colocarlas en su lugar con un golpe de martillo (se mantendrán gracias a unos pequeños picos).

Introducimos los tirafondos sin que éstos traspasen al otro lado del listón.

**2** Para colocar las escuadras de madera marcamos la situación donde irán los tirafondos, presentándolas y verificando el largo de los tirafondos (que no sobresalgan).

Perforamos las escuadras (agujero guía) y encolamos antes de tirafondear sobre el ángulo dañado de la silla.

**3** **Caso 2:**

Cuando topemos con un ensamble de caja y espiga, introduciremos un tubillón lateral que impida que la espiga se retire. Aunque, como veremos, también podremos sustituir el ensamble de caja y espiga por una unión con tubillones.

**4** Taladraremos sobre el montante de la pata de la silla a media altura de la espiga, en perpendicular.

5 Encolamos el tubillón y lo introducimos (sobresaldrá una parte). El sobrante del tubillón lo cortaremos con un serrucho de diente fino.

Lijamos y barnizamos con un tinte del tono de la madera original para disimular el tubillón.

6 **Caso 3:**

Reparación de una espiga rota:

Será necesario desmontar la silla utilizando un martillo y un taco (para proteger la madera de los golpes).

Eliminamos a continuación la espiga cortándola al ras con el serrucho de diente fino.

Lijamos para que el tope quede perfectamente perpendicular.

Perforamos 2 agujeros en el espacio donde estaba la espiga con una broca de la misma sección que los tubillones que utilizaremos a continuación.

Proseguiremos rellenando el cajetín de la espiga con un taco encolado y embutido, de forma que encaje perfectamente en el hueco.

Cortaremos también este taco a ras y lijaremos.

Para ensamblar con los tubillones las 2 partes que hemos preparado marcaremos su ubicación exacta colocando los marcadores en los orificios y presentando las piezas.

Bastará perforar el orificio y sustituir los marcadores por los tubillones encolados para realizar el ensamble final.

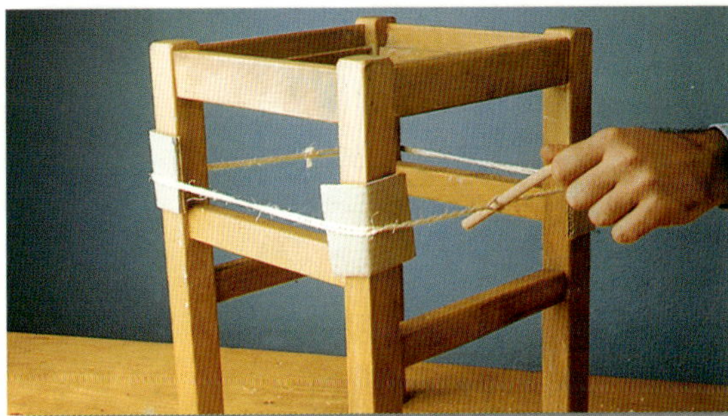

7 Estos ensambles requieren secado, por lo que es aconsejable afianzar la silla con 2 cuerdas bien tensadas (por el procedimiento que ya hemos utilizado).

8 **Caso 4:**

La última reparación es muy sencilla: se trata de fijar un asiento, cuya tapa esté suelta, al armazón de la silla.

Para ello introduciremos un tirafondo por debajo, traspasando el bastidor para que vaya a alojarse en el asiento.

Realizaremos previamente un rebaje con el avellanador que disimule a la perfección el tirafondo de afianzamiento.

# Copetes para juntas de cocina

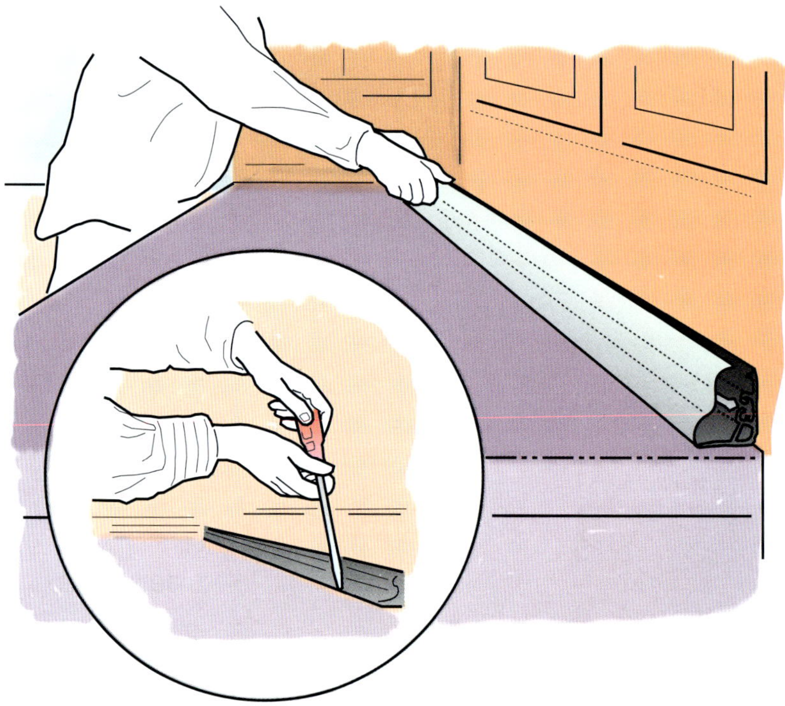

Los copetes son accesorios o elementos que sirven para cerrar la junta entre la pared y la encimera de la cocina.

Una junta mal protegida puede dar origen a filtraciones de agua y generar problemas de humedad. Será un foco de acumulación de grasa y suciedad, además de un detalle antiestético.

Normalmente los copetes constan de dos piezas:

- La base o parte trasera, en forma de «L», hecha de metal o PVC: presenta bordes de goma para facilitar su adaptación, y unos orificios donde irán alojados los tirafondos.
- La parte delantera o tapa embellecedora que se ajusta sobre la base.

En primer lugar quitaremos el viejo copete haciendo palanca con un punzón y desatornillaremos la base.

Limpiaremos y secaremos la superficie antes de instalar el nuevo modelo.

La longitud estándar de estas piezas es de dos metros, por lo que tendremos que cortarla a medida con una sierra para metales.

Antes de atornillar la base en los orificios, previamente marcados y perforados, aplicaremos silicona de estanqueidad sobre las dos caras externas, asegurando una fijación perfecta y estanca.

Introduciremos los tirafondos y encajaremos la parte delantera a presión.

En las esquinas y rincones que queden a la vista pondremos unos remates o tapas que adquiriremos con el copete.

TRUCOS

**MANTENIMIENTO Y LIMPIEZA**

Para romper un cristal o espejo que hay que cambiar, colocaremos tiras de cinta adhesiva sobre el cristal para que los fragmentos no salten por toda la habitación, luego cubriremos el cristal con un trapo y lo golpearemos. Para esta operación nos protegeremos con unos guantes gruesos.

# Nudos tensadores

Un nudo no es más que un nudo, pero cuando atamos la cuerda de tender la ropa, o el zapato, será necesario recurrir al lazo idóneo.
Nos centraremos en el primer caso: el del nudo tensor de la cuerda de tender la ropa.
¡Importante! Escogeremos una cuerda plastificada. Soportará mucho mejor las inclemencias del tiempo sin que se pudra y además podremos limpiarla sin dificultad.
Para colocar la cuerda bien tirante realizaremos un nudo tensor con gaza o bucle.
Comenzaremos atando uno de los extremos de la cuerda a uno de los amarres o, en su caso, al poste.
El otro extremo llevará el nudo tensor.
En primer lugar haremos la gaza que servirá de nudo corredizo, situado a treinta o cuarenta centímetros del poste; lo suficiente para que una vez tensado no llegue hasta el segundo punto de amarre.
En este lugar haremos un lazo sencillo, dejando un bucle de ocho o diez centímetros (véase gráfico A).
Rodearemos el poste con el extremo de la cuerda y lo pasaremos a través de la gaza que acabamos de realizar (véase gráfico B).
Bastará con tirar fuertemente de la cuerda hacia el poste y, rodeando de nuevo el pilar o enganche, atar este cabo sobre la gaza con dos nudos sencillos (véase gráfico C).

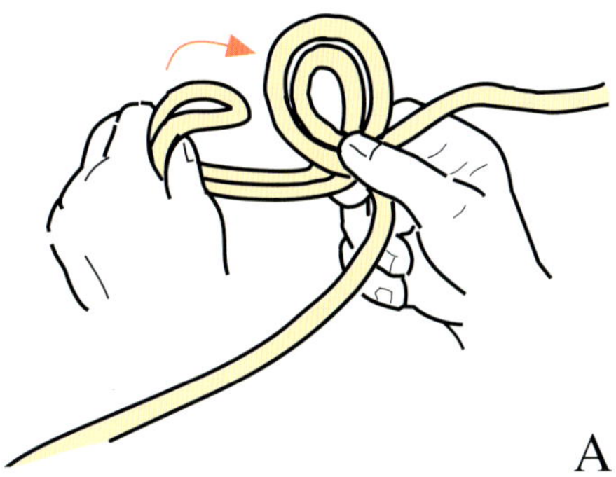

A

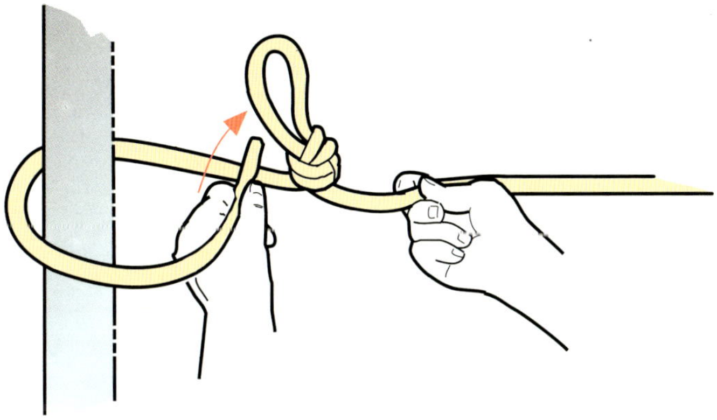

B

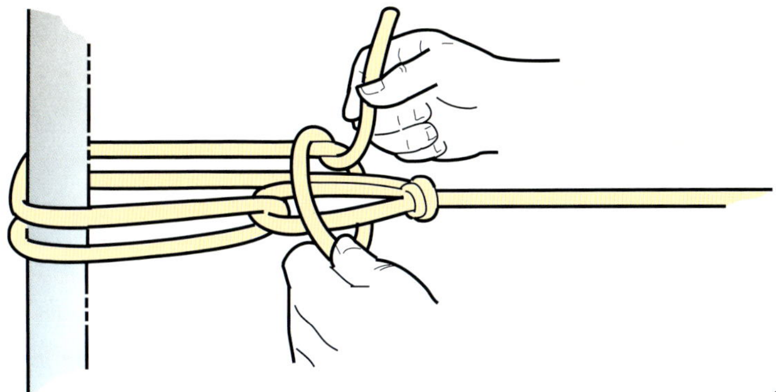

C

T R U C O S

**JARDINERÍA**

Los pulgones desaparecen espolvoreando la tierra con ceniza de tabaco, de madera o con cal.

# CAMIÓN

## *de m*

*La carpintería constructiva ofrece un sinfín de posibilidades en la elaboración de juguetes. En esta ocasión construiremos un precioso camión de madera. En algunos pasos del proceso, como el ensamblado y pintado, podremos incluso implicar a los niños y niñas.*

*Comprobaremos con satisfacción que el gusanillo del bricolaje entra desde la más temprana edad...*

## herramientas

Sierra de calar.
Sierra de mano e ingletera.
Taladro con brocas de 10 y 11 mm de diámetro.
Marcadores y tubillones.
Pistola de encolar y barras de cola.
Brocha.

# adera

## materiales

1 taco de 9 x 9 de 12 cm de largo.
1 listón de 50 x 4,5 x 5 cm.
2 listones de 1 m.
1 listón de 25 cm.
1 tabla de pino de 40 x 12 de 1,5 cm de grosor.
1 listón de 2,5 m.
Barniz.

**1 La cabina:**

Empezaremos construyendo la cabina del camión. Para ello cortaremos el taco cuadrado retirando una esquina de 4,5 cm en corte de 45°.

Utilizaremos la sierra de mano, procurando seguir la línea de corte previamente trazada con un lápiz bien afilado.

**3 Corte del chasis delantero y trasero:**

Utilizaremos el listón de 4,5 x 5 para cortar un trapecio que en su parte larga tenga 21,5 cm para el chasis delantero y 10 cm para el trasero.

Los ángulos van a 45°, como se muestra en el dibujo.

**2 Corte de ruedas y ejes de ruedas:**

Necesitaremos 4 ejes para las ruedas (varilla) de madera así como 8 ruedas de 3 cm de grosor.

Utilizaremos la ingletera para obtener cortes paralelos en todas las piezas.

Redondearemos todas las piezas y taladraremos (agujero ciego) las ruedas en el centro.

**4** Realizaremos 3 agujeros pasantes en el chasis delantero para introducir en ellos los ejes de las ruedas. Necesitaremos la columna del taladro, en otro caso tendremos mucho cuidado para llevar los agujeros perpendiculares a la superficie.

Haremos un solo agujero pasante en el chasis trasero.

**5** También taladraremos 2 agujeros ciegos en la parte superior del chasis delantero para ubicar en ellos dos tubillones que unirán esta pieza a la cabina.

Con un agujero ciego en el chasis trasero y un tubillón uniremos esta pieza al remolque.

Para marcar el lugar donde taladraremos la cabina, centraremos el chasis inferior después de colocar los marcadores en los agujeros.

**6** Cortaremos igualmente 2 listones de 9 x 3 cm para los parachoques. Con una moneda marcaremos el contorno para redondear. Daremos el corte con la caladora.

**7** Perforaremos 2 agujeros en el parachoques a modo de faros y los encolaremos a la cabina.

**8** La base del remolque la cortaremos con ángulos redondeados en su parte delantera. Utilizaremos como plantilla un bote de pintura o un plato.

Trabajaremos con la sierra de calar.

Con el taladro perforaremos, a 1 cm del borde lateral y 2,5 cm y 30 cm de la parte trasera respectivamente, 4 agujeros donde irán los montantes que sujetarán las cartolas.

**9** Ensamblaremos el chasis trasero con tubillones encolados. Esta pieza irá centrada a 3 cm del borde trasero (utilizaremos los marcadores y el taladro).

Montaremos esta parte con tubillones y cola. Del mismo modo fijaremos los ejes y las ruedas.

**10** Sobre los postes que hemos insertado en la plataforma del remolque pegaremos las 9 cartolas (6 listones de 36 x 2 cm y 3 de 12 x 2 cm).

Estos listones van colocados a intervalos de 1 cm, pegados con cola, del mismo modo que los parachoques delantero y trasero.

**11** La unión del remolque y la cabina la realizaremos con un tubillón que irá alojado en la parte delantera.

Sobre el remolque, en la parte redondeada y a 3 cm del frente, realizaremos un agujero pasante. Será el punto de sujeción con el tubillón de la cabina.

**12** Todas las piezas tienen que ir perfectamente lijadas y redondeadas (sin puntas, ángulos, ni aristas) y daremos un acabado barnizado o pintado con productos no tóxicos, especiales para estos trabajos.

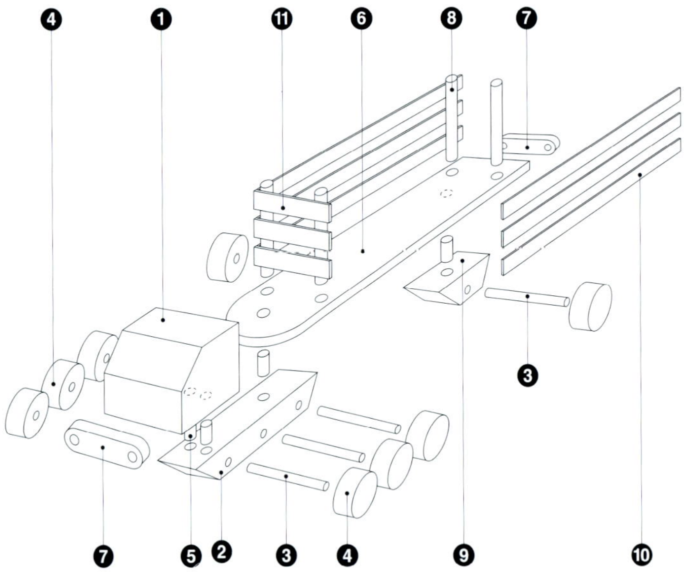


## EL MATERIAL

| Pos. | Núm. | Denominación | Dimensiones |
|---|---|---|---|
| **1** | 1 | Cabina del conductor | 9 x 9 x 12 cm |
| **2** | 1 | Chasis delantero | 21,5 x 4,5 x 5 cm |
| **3** | 4 | Ejes de las ruedas | ∅ 1 x 7 cm |
| **4** | 8 | Ruedas | 3 x ∅ 5 cm |
| **5** | 5 | Tubillón de ensamble | ∅ 1 x 4 cm |
| **6** | 1 | Remolque | 40 x 12 x 1,5 cm |

| Pos. | Núm. | Denominación | Dimensiones |
|---|---|---|---|
| **7** | 2 | Parachoques | 9 x 3 x 1,5 cm |
| **8** | 4 | Soportes | ∅ 1 x 10 cm |
| **9** | 1 | Chasis trasero | 10 x 4,5 x 5 cm |
| **10** | 6 | Cartola | 36 x 2 cm |
| **11** | 3 | Cartola | 12 x 2 cm |

# Técnica del gotelé

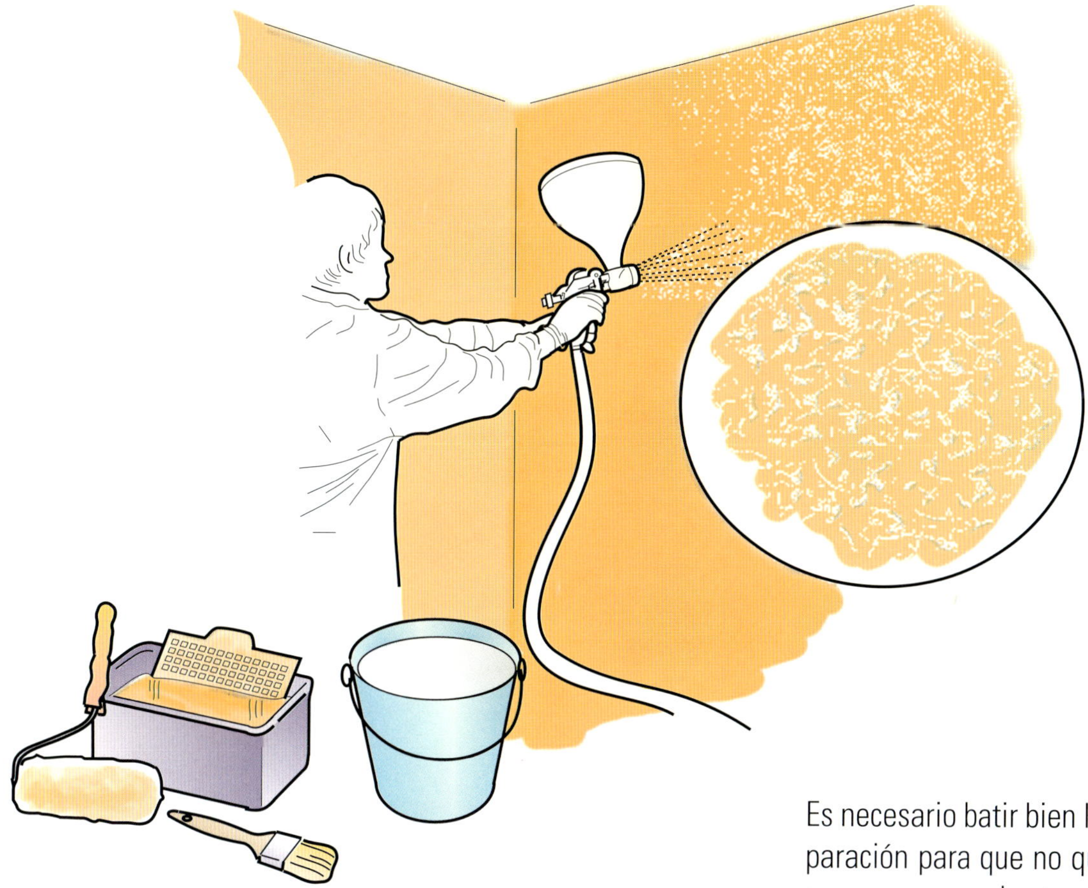

La técnica del gotelé consiste en un estampado de gotas proyectadas sobre la superficie y del que resulta un acabado irregular, de aspecto de gotas secas ásperas al tacto.

Por su acabado, el gotelé se ha utilizado a menudo para disimular imperfecciones de la pared.

Los profesionales utilizan potentes equipos compresores para lograr el mismo efecto, pero los «bricoladores» podemos utilizar pistolas eléctricas o de proyección por aire comprimido.

Es necesario preparar la pared como si fuésemos a pintarla: arreglaremos imperfecciones y daremos un fondo de pintura que servirá de soporte para el gotelé.

La pintura para gota o gotelé es especial, más densa, y a lo sumo diluiremos tres cuartos de litro de agua por cada veinticinco de pintura.

Es necesario batir bien la preparación para que no queden grumos que puedan taponar la boca de proyección de la pistola.

Escogeremos el grosor de la gota cambiando la boca de aspersión y variando la distancia entre la pistola y el soporte.

Trabajaremos siempre con movimientos uniformes y regulares.

También resulta importante preparar pintura suficiente para acabar el trabajo en su totalidad y evitar de este modo diferencias en la preparación, y por ello en el acabado.

# ÁRBOL de Na

*El uso del abeto por Navidad en nuestras casas se está haciendo cada vez más habitual. En esta ocasión os ofrecemos otra alternativa: la fabricación de un árbol de Navidad que suplante al abeto natural.*

*Con esta simple construcción, después de usado se puede desmontar y guardar hasta el próximo año. De esta manera evitamos la tala innecesaria de un abeto.*

## herramientas

Cubeta, rodillo y brocha.
Lijadora delta y lija de mano.
Sierra de calar.
Marcadores.
Taladro con broca de 8 mm de diámetro.
Tope de broca.

# *vidad*

## materiales

2 tableros de 122 x 95 cm
de 15 mm de grosor.
Plantillas.
Tubillones.
Pintura plástica de colores.
Selladora acrílica.

# ÁRBOL *de Navidad*

**1** Para construir el árbol de Navidad tendremos que preparar las plantillas con las dimensiones y formas que más nos gusten (véase la plantilla al final del capítulo).

Procuraremos que los perfiles casen a modo de puzzle: las piezas superiores con las inferiores.

Con la misma plantilla trazaremos los contornos sobre 2 planchas modificando únicamente la posición de la ranura de ensamble de las piezas.

**3** Como es habitual, procederemos al lijado de todas las piezas, eliminando rebabas y cantos ásperos.

**2** El corte coincidirá con la mitad superior de cada pieza, que casará con su par engarzándola por la parte inferior.

Antes de comenzar a trabajar con la sierra de calar, perforaremos orificios en los puntos de unión de los trazos, de manera que podamos girar en ángulo la hoja de la sierra.

**4** Dado el tipo de ensamble, tendremos que pintar las piezas sueltas y comenzaremos aplicando la selladora acrílica.

Para el pintado hemos escogido una pintura plástica de color verde que aplicaremos con brocha.

La segunda mano la daremos a rodillo, tras dejar secar 3 horas desde la aplicación anterior.

**5** Montaremos el árbol uniendo por pares las piezas de una y otra plancha. Deslizaremos los elementos colocados en perpendicular insertándolos por la ranura vertical.

Una vez ensamblados los «pisos», bastará con hacer casar las lengüetas del puzzle y construir el árbol.

**6** Sobre el tablero contrachapado dibujaremos estrellas, velas y cualquier otro motivo navideño que decore nuestro árbol.

**7** Los pintaremos a brocha, siguiendo el mismo proceso que el abeto, pero con colores de contraste que resalten estos detalles.

Para colgarlos practicaremos un orificio ciego, colocando un tope en la broca del taladro.

**8** Ensamblaremos estas piezas sobre el fondo verde del árbol utilizando tubillones de madera.

# Plantilla

# Cuidado y replantado del árbol de Navidad

**TRUCOS**

**JARDINERÍA**

Para tener éxito al plantar los esquejes de geranio, machacaremos un poco la punta que enterramos. También será de gran ayuda si junto a la base del tallo colocamos, bajo tierra, unos granos de alpiste. Los geranios plantados en recipientes más bien pequeños desarrollan raíces más apretadas y florecen mucho mejor.

A partir de este año, a la hora de comprar el árbol de Navidad, buscaremos uno con un cepellón de tierra grande y compacto, con mucha raíz y preferiblemente en una maceta.

Acabadas las fiestas lo podaremos con el fin de conservarlo en la terraza o jardín, o, mejor aún, replantarlo en el monte. Aunque lo usemos como elemento decorativo, no debemos olvidar que es un ser vivo y que necesita agua y luz.

Por este motivo, en casa, lo colocaremos en un lugar bien iluminado, ventilado y lejos de fuentes de calor.

Evitaremos recargarlo con adornos y luces que lo dañen, manteniendo la tierra siempre ligeramente húmeda y vaporizando diariamente todo el ramaje con agua.

Para replantarlo, buscaremos una zona boscosa y cavaremos un hoyo de tamaño y profundidad suficientes para introducir las raíces con todo su cepellón.

Cuando esté asentado, rellenaremos el hoyo con tierra, prensándola bien para que el árbol quede perfectamente sujeto.

Es importante regar abundantemente la tierra tras el plantado.

# FRUTER

*La reutilización, o como hoy día gusta llamar, el reciclaje, es una práctica muy recomendable en el bricolaje.*

*Con unos elementos tan comunes en casa, tres platos y un pie de lámpara, confeccionaremos un accesorio muy útil para la presentación de dulces o como práctico frutero.*

## herramientas

Sierra de mano.
Sierra de calar.
Caja de ingletes.
Lijadora delta o lija de mano.
Taladro y 2 brocas:
1 de 9 mm para madera
y 1 de *widia* de 6 mm.
Destornillador.
Tijeras.
Brocha.

## materiales

3 platos de distintos tamaños.
Pies de lámpara.
Remate.
Rilos.
Madera para la base.
Papel.
Lápiz de cera o tiza.
Varilla roscada.
Pintura acrílica.

# FRUTERO

**1** El trabajo de corte y montaje de este sencillo elemento no conlleva ninguna dificultad.

Probablemente el pie de lámpara tenga molduras o relieves, en tal caso colocaremos 2 pequeños calzos sobre la caja de ingletes para inmovilizar la pieza.

Necesitaremos 3 pequeños pilares que sujeten los platos.

**2** El frutero reposará sobre una tabla de madera. Cortaremos este elemento tomando la medida con la base del plato, marcando con un lápiz.

**3** Lijamos y redondeamos la base recién cortada.

El ensamble de los platos con los montantes de madera lo realizaremos con rilos; para ello tendremos que perforar los platos.

Para encontrar el centro del plato, punto en el que realizaremos el agujero, utilizaremos un lápiz de cera con el que marcaremos la base de la pieza. Colocando un papel sobre este relieve lograremos la huella de la circunferencia.

Cortado el círculo y una vez plegado en cuatro, quitaremos la puntita con las tijeras. Bastará desplegarlo y colocarlo de nuevo en la base del plato para hallar el centro del plato.

**4** Pegaremos cinta de carrocero en el punto indicado del plato y levantaremos el esmalte golpeando suavemente con un punzón.

**5** Para el perforado de la cerámica necesitaremos una broca de *widia*.

Taladraremos sin percusión, primero con rotación lenta y a continuación más rápida.

Repetiremos el mismo proceso en los otros 2 platos.

**6** Colocación de los rilos:

Empezaremos perforando un agujero en la base del frutero. En él, insertaremos el rilo.

Utilizaremos broca de madera, con tope, para realizar un agujero ciego.

Para dejar el rilo a ras de base, lo embutiremos atornillándolo; emplearemos un destornillador.

Haremos lo mismo en los montantes que sujetan los platos (en la parte superior e inferior).

## *EL MATERIAL*

| Pos. | Núm. | Denominación | Dimensiones |
|---|---|---|---|
| 1 | 3 | Platos de cocina | Grande, pequeño y mediano |
| 2 | 2 | Pies de lámpara | 10 cm altura |
| 3 | 1 | Bases de madera, grosor 2 mm | ∅ 19 cm x 3 cm |
| 4 | 1 | Remate de madera | Estándar |
| 5 | 8 | Rilos | ∅ 9 mm x 11 mm |
| 6 | 4 | Varilla roscada | ∅ adaptado al rilo x 4 cm |

**7** Para el pintado aplicaremos 2 manos de barniz tinte.

**8** Realizaremos el montaje con varilla roscada, introduciéndola en los rilos previamente colocados en base y montantes. Para evitar que el rilo gire al introducir las sujeciones superiores, aplicaremos una gota de cola de secado instantáneo.

La cima de nuestro frutero llevará un adorno que insertaremos en el último tramo de rilo.

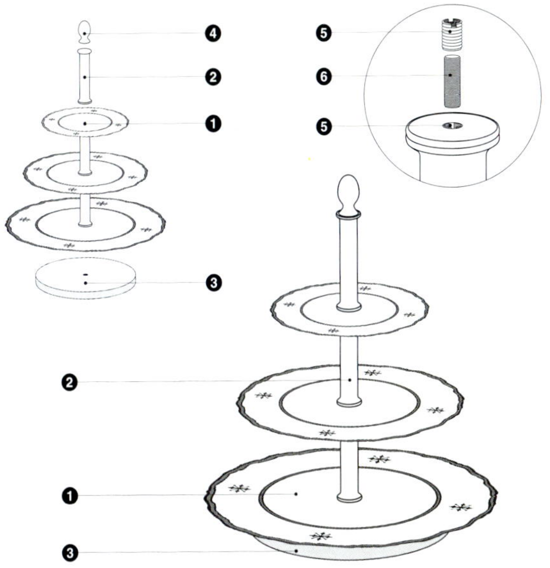

# Los pegamentos

Recomponer un objeto es, en la mayoría de los casos, una operación sencilla. Nos bastará con un poco de paciencia y un mínimo de conocimiento sobre el pegamento adecuado y su forma de utilización.

Cuando se trate de objetos de cerámica o porcelana utilizaremos pegamentos de cianocrilato, aunque los de contacto también resultan eficaces.

Antes de empezar, debemos limpiar bien los bordes de los trozos que, además, tienen que estar totalmente secos.

El empleo de guantes de látex o plástico evitará que nos peguemos los dedos con este producto de secado casi inmediato.

Si esto sucediera, lo mejor es quitar el pegamento con quitaesmaltes para uñas o con acetona.

Aplicaremos sólo una gota de pegamento en la punta de un palillo, para evitar excedernos.

Uniremos una a una las piezas, presionando durante unos instantes.

Si derramamos el producto, lo retiraremos con un paño humedecido en acetona.

Es muy importante tener cuidado con los vapores del cianocrilato. Es muy volátil y durante el secado puede irritar los ojos e incluso hacer que se nos peguen las pestañas. Por todo ello resulta fundamental una adecuada ventilación.

T R U C O S

**PINTURA**

En las habitaciones muy húmedas en las que el papel se despega, resolveremos el problema pintando las juntas con barniz incoloro.

# Los destornilladores

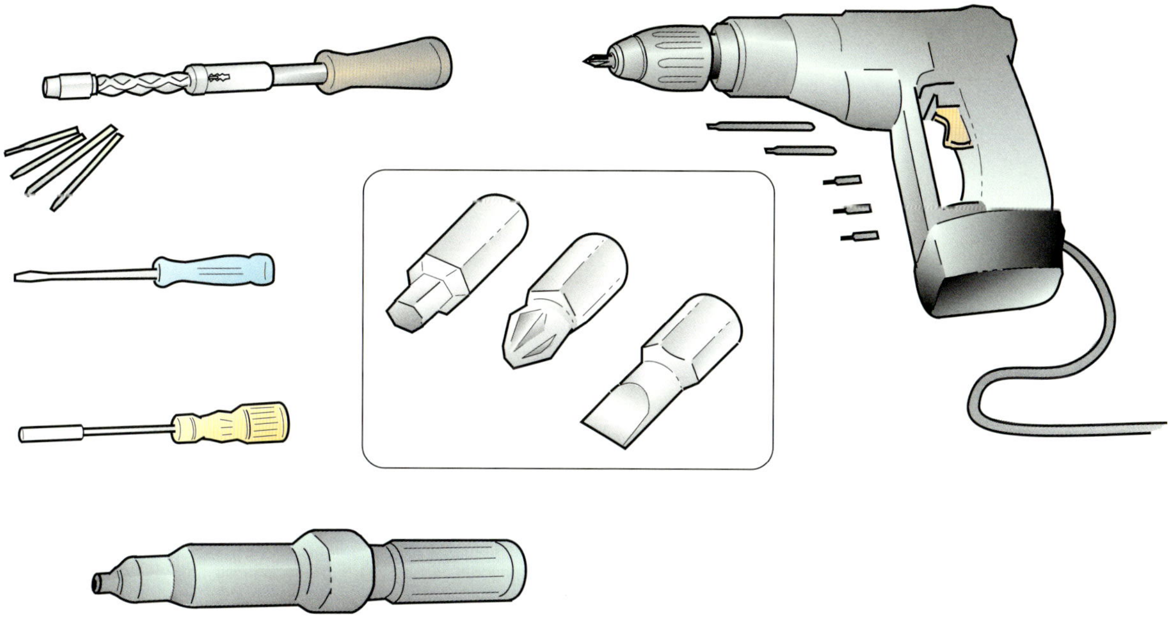

El destornillador apareció hace unos tres siglos, y en su origen servía para ajustar el armazón de las escopetas que se aflojaban después de cada disparo.

Actualmente, la extensa gama de tornillos y tirafondos ha ampliado también el surtido de destornilladores.

Podemos distinguir el destornillador convencional, que a menudo lleva puntas intercambiables y muchas veces imantadas.

Las bocas varían en función de la cabeza del tirafondo con el que trabajemos.

Las más habituales son la boca plana, la de cruceta o *phillips* y la de estrella o *pozidriv*. Esta última está cada vez más extendida y ofrece capacidades de apriete considerablemente superiores.

Cabe señalar la aparición, y en un futuro próximo muy probable, la extensión de las cabezas y bocas *allen* y *torx*, de cualidades aún mejores.

Toda esta gama de puntas puede acoplarse a mecanismos como el de carraca, con el que evitamos retirar la boca del alojamiento de la cabeza para realizar un giro continuado.

Con un botón de la carraca determinamos el sentido del giro, para atornillar o desatornillar.

En la gama de atornilladores eléctricos encontraremos un amplio abanico, desde los más pequeños que funcionan a pila o acumulador, hasta los taladros que hoy en día vienen provistos de un regulador de sentido de giro.

T R U C O S

**MANTENIMIENTO Y LIMPIEZA**

Trabajar con silicona será más fácil si se aplica antes un poco de agua jabonosa o gel en las manos. Evitaremos de este modo que el producto se nos pegue.

# PUERTAS de segur

*Los amigos de lo ajeno pueden llegar a trabajar en condiciones muy favorables si no les ponemos trabas. Además de alarmas y aparatos electrónicos disuasorios, podremos instalar, con la ayuda de las herramientas básicas de bricolaje, los tradicionales herrajes y cerraduras antipalanca y cierres de seguridad.*

## herramientas

Taladro.
Brocas para madera de 12 y 16 mm.
Broca para madera de 3 puntas de 28 mm.
Formón de 16 mm.
Martillo.
2 destornilladores y 1 atornillador.

# idad

## materiales

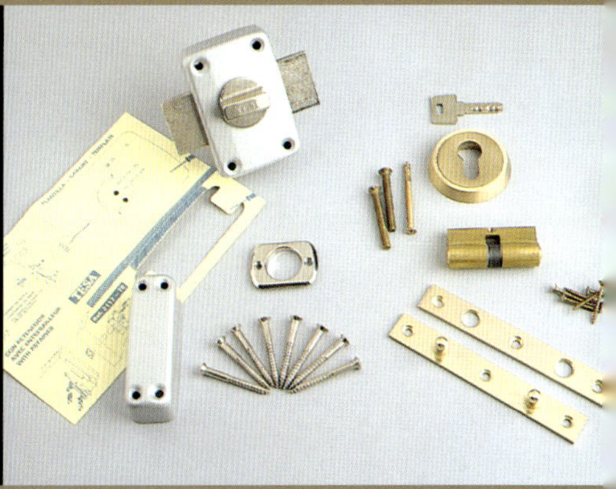

Escudo protector.
Bombillo de seguridad.
2 piezas antipalanca.
Cerradura de superficie con su correspondiente plantilla.

*1* La primera operación para reforzar nuestra puerta consiste en colocar un escudo protector exterior y sustituir el bombín por uno de seguridad. Con el escudo protegeremos el bombín de la cerradura de forcejeos.

Por supuesto tendremos que retirar el escudo viejo. Quitaremos también la manilla interior soltando los tirafondos de sujeción.

Llegados a este punto, y antes de instalar el escudo, aprovecharemos para cambiar el bombín.

En el canto de la puerta, sobre la chapa del mecanismo de la cerradura, encontraremos un pequeño tornillo. Soltándolo liberaremos el bombillo y lo retiraremos extrayéndolo hacia el interior.

Bastará sustituirlo por otro de similares medidas, con llave de seguridad.

*2* Para terminar la colocación de la protección del bombín, presentamos el nuevo escudo interior y marcamos la ubicación de los tirafondos de sujeción con el punzón.

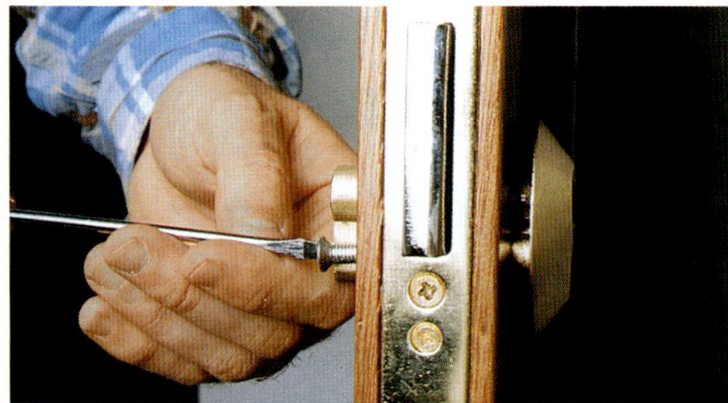

*3* Para sujetar el escudo exterior necesitaremos 2 agujeros pasantes que realizaremos con el embellecedor interior colocado, utilizando los agujeros de sujeción de éste como guías (van unidos el uno al otro con tornillos pasantes a través de la puerta).

El escudo exterior va encastrado en la puerta, por lo que tendremos que practicar un avellanado.

Sólo nos queda introducir los tornillos y afianzar el escudo de seguridad.

Volveremos a montar el tornillo de sujeción del bombín y la manilla.

*4* El mecanismo antipalanca consiste en 2 pletinas colocadas en el canto de la puerta y el marco. La chapa situada sobre la puerta lleva 2 vástagos que se encastran en la pletina del marco impidiendo que la puerta se desencaje al hacer palanca hacia arriba o lateralmente.

Empezaremos marcando sobre el canto de la puerta la situación exacta de la chapa con las tijas.

En base al trazado (siempre por el interior) marcaremos el corte con el formón (colocando siempre el lado plano del formón hacia el exterior).

**5** Vaciamos progresivamente con pequeños cortes transversales y acabamos extrayendo las astillas con la parte achaflanada de la gubia.

Para marcar la situación exacta de la pletina que va sobre el marco de la puerta, bastará con cerrarla hasta que las tijas marquen ligeramente el marco de la puerta.

Para realizar el cajetín y encastrar esta pieza seguiremos el mismo proceso que antes: marcado y vaciado con el formón.

Concluiremos el trabajo con la pletina colocada. Perforaremos el orificio donde vendrán a introducirse las espigas de la pletina del marco.

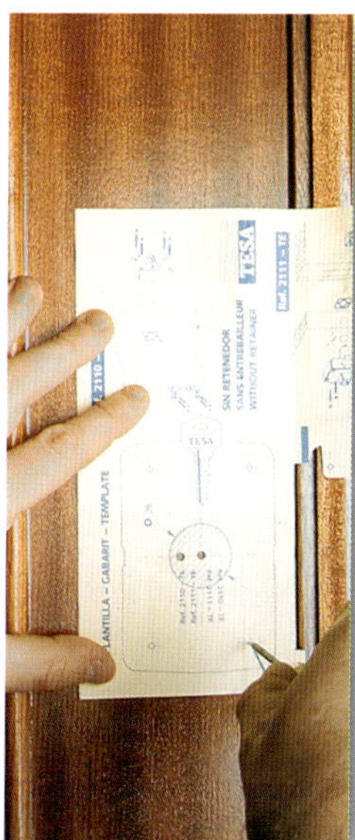

**6** Colocación de una segunda cerradura:

Cuando compremos la cerradura nos aseguraremos de que lleve una plantilla de montaje.

Presentamos esta plantilla en la puerta y marcamos la ubicación exacta de la primera pieza, cerradero o retenedor, donde entra el resbalón (para marcar la posición de los tirafondos y la del cilindro de la cerradura emplearemos un punzón).

**7** Con el formón cortamos la jamba y vaciamos el rebajo donde vendrá el cierre del marco.

Para perforar el agujero del cilindro o bombín de la cerradura colocaremos un mártir en la parte exterior de la puerta. Evitaremos de este modo que la puerta se astille con la salida de la broca.

Antes de tirafondear el cerrojo verificaremos el sentido de giro del resbalón o cierre.

**8** Para terminar, colocamos el embellecedor exterior del bombín y la caja del retenedor o cerradero que va sobre el marco.

# Cambio de timbre por carrillón

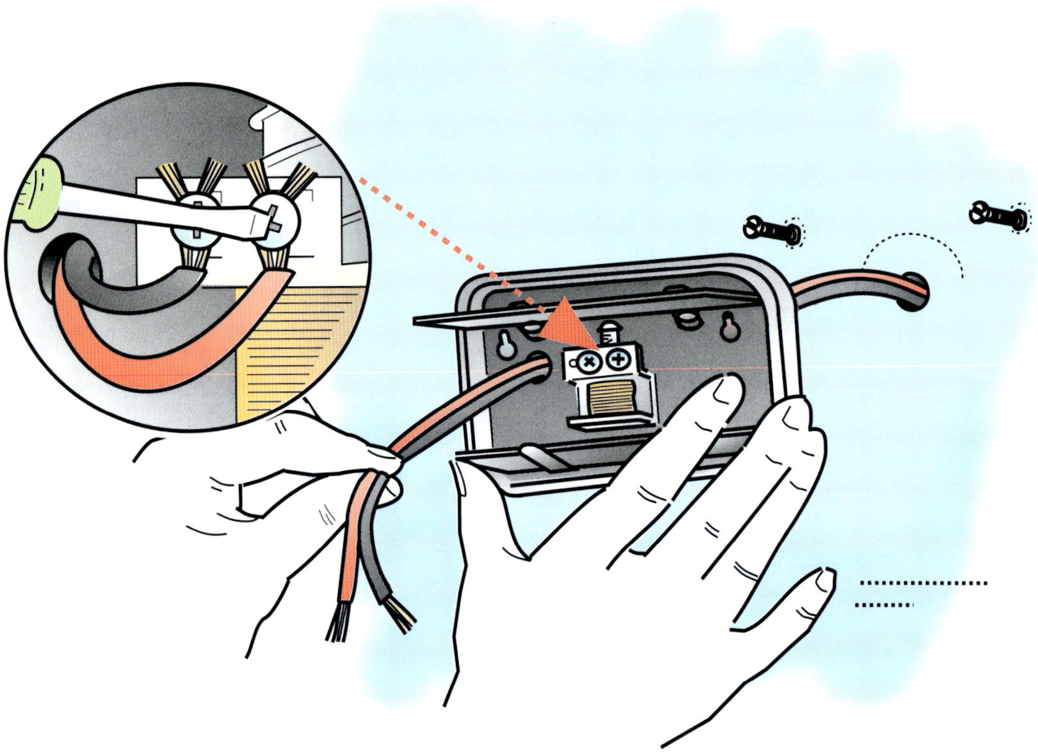

El clásico timbre puede ser sustituido por otro cuyo sonido sea más agradable.

La gama musical es muy amplia y variada.

Lo primero que hay que hacer es desconectar la corriente eléctrica. Después quitamos la carcasa o tapadera del viejo timbre, desenroscando el tornillo que la sujeta.

Nos encontraremos con dos cables que soltaremos. Uno de ellos va conectado al interruptor. Aunque no es necesario pelar los cables, conviene hacerlo para trabajar mejor.

Tomamos el nuevo timbre musical que probablemente consta de dos partes: la carcasa y la base.

Si el tamaño del timbre es mayor que el que teníamos antes, marcamos los puntos donde irán los tirafondos que lo sujetan y taladramos.

Introducimos dos tirafondos sin atornillarlos por completo y colgamos de ellos la base del timbre.

Tenemos que pasar los cables por el orificio de la base que colocaremos en la pared atornillando los dos tirafondos.

Con cada uno de los cables haremos una especie de «gancho» con el hilo de cobre y los colocaremos en los bornes de conexión.

Los apretamos, asegurándonos de que los cables estén bien sujetos y colocamos la tapa.

# Felpudo personalizado

Prácticamente todos los felpudos son iguales entre sí. La mayoría están confeccionados con fibra de coco o con sisal.
Para dar nuestro toque personal al felpudo utilizaremos la técnica del estarcido.

cerdas muy duras, y mejor aún, cortadas, aplicaremos la pintura.
Colorearemos comenzando por el centro y hacia las esquinas de la máscara, de forma que el exceso de pintura no desborde.

T R U C O S

**JARDINERÍA**

Los posos de café y las hojas de té esponjan la tierra y repelen los gusanos.

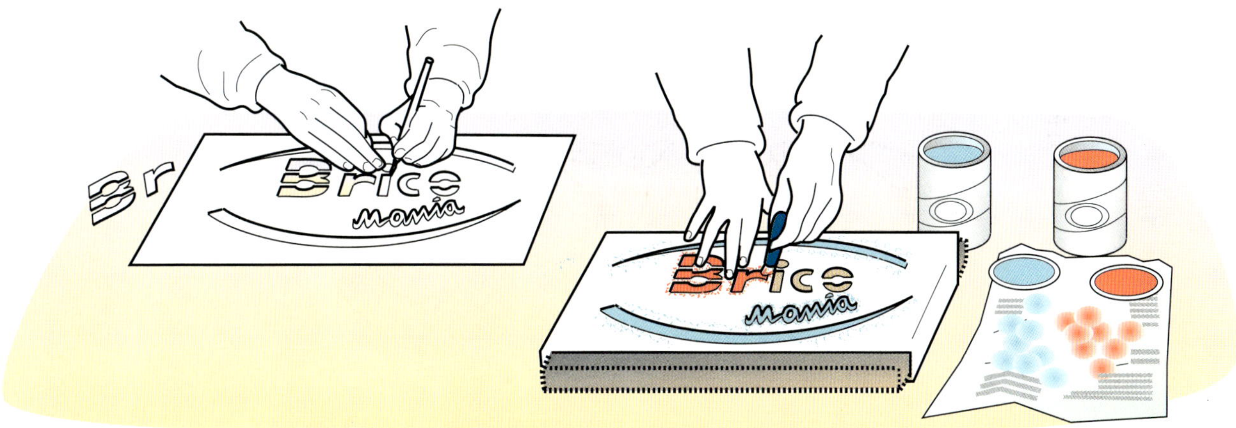

Primeramente dibujaremos el motivo en una hoja y lo recortaremos.
A continuación, trasladando el dibujo, recortaremos las figuras en acetato o polifán vaciando las superficies que queramos colorear.
Utilizaremos pintura acrílica, preferentemente satinada. Es muy fácil de usar puesto que se disuelve en agua, aunque una vez seca es indisoluble.
Sujetaremos bien la máscara o plantilla y con una brocha de

Para marcar los contornos, evitaremos impregnar en exceso la brocha; será necesario descargar la pintura en un trozo de papel antes de aplicarla.
Una vez concluido el trabajo, dejaremos secar el felpudo durante un par de días... Comprobaréis el éxito de vuestra labor con cada visita...

T R U C O S

**PINTURA**

El olor a pintura fresca es especialmente persistente. Para que desaparezca, lo mejor es ventilar la habitación pero, si esto no fuera posible, resulta efectivo colocar un plato con agua fría y una cebolla cortada en rodajas durante veinticuatro horas.

# LÁMPAR
## de

*El bricolaje es un campo de creación casi ilimitado. Una simple piedra, un par de tubos de cobre y un mínimo de elementos de electricidad... No existe más límite que el marcado por nuestra propia imaginación para diseñar una original lámpara...*

A

*mesa*

## *herramientas*

Brocas de *widia* de 4, 9 y 12 mm de diámetro.
Taladro.
Pelacables.
Tijeras.
Destornillador.
Pistola de encolar.
Barras de cola.

## *materiales*

1 piedra natural.
2 tulipas.
1 taco de madera.
2 tubos de cobre de 12 mm de diámetro.
2 bombillas.
2 portalámparas.
Interruptor.
Enchufe.
Cable paralelo.
Regleta.
Varilla roscada.

# LÁMPARA *de mesa*

**1** Comenzaremos el trabajo perforando la piedra.

Utilizaremos 3 brocas de distintos diámetros con el fin de abrir agujeros guía y evitar de este modo partir la piedra.

El primer agujero será de 4 mm y colocaremos el taladro en posición de percusión.

Sobre los agujeros guía realizaremos dos agujeros de 9 mm por donde más tarde introduciremos los cables y el tubo que sujetará las lámparas.

Para embutir el tubo de cobre en la piedra realizaremos, en los agujeros pasantes de 9 mm, un agujero de 12 mm (sección del tubo) a media profundidad.

**2** El tubo de cobre llevará forma curva; para ello haremos palanca sobre el taco de madera redondeado que previamente habremos fijado sólidamente a la mesa.

**3** A continuación, embutiremos las varillas roscadas a ambos extremos del tubo aplicando cola con la pistola de encolar.

**4** Todo el material para el montaje de la lámpara está listo, pero faltan las conexiones eléctricas.

Nos aseguraremos de que el cable paralelo que utilizamos reúna las cualidades para conectar la lámpara escogida.

Introducir el cable eléctrico puede resultar un tanto difícil; para facilitar el trabajo podremos insertar un cable medianamente rígido que nos sirva de guía.

**5** **Montaje del sistema eléctrico:**

Una vez introducido el cable a través de los tubos y de la piedra, insertaremos las bases de los casquillos enroscándolas en los rilos, en la parte de arriba del tubo. Colocaremos los casquillos con las conexiones eléctricas limpias, sin hilos de cobre sueltos.

Concluiremos el montaje de los casquillos portalámparas con el enroscado del protector o sujeción aislante.

**6** En la parte inferior, a la salida de los orificios practicados en la piedra, realizaremos una conexión en paralelo (conectando entre sí un cable procedente de cada lámpara, y de estos dos puntos a las tomas de red... Pasando previamente por el interruptor, por supuesto...).

Realizaremos todas las conexiones con regletas y en ningún caso con cinta aislante.

Al pasar por el interruptor tendremos que separar los 2 cables del conector paralelo y cortar uno de ellos.

Los terminales seccionados irán conectados a los bornes del interruptor.

**7** Finalmente conectaremos el extremo del cable a la clavija macho que a su vez irá conectada a la red. Para realizar una conexión limpia utilizaremos el pelacables, insertando el cable en la ranura correspondiente para retirar la vaina sin dañar los hilos de cobre. Por supuesto, si trabajamos con cuidado podremos realizar esta operación con unas tijeras.

**8** Antes de colocar la tulipa comprobaremos el correcto funcionamiento del sistema eléctrico.

# Bombillas de bajo consumo

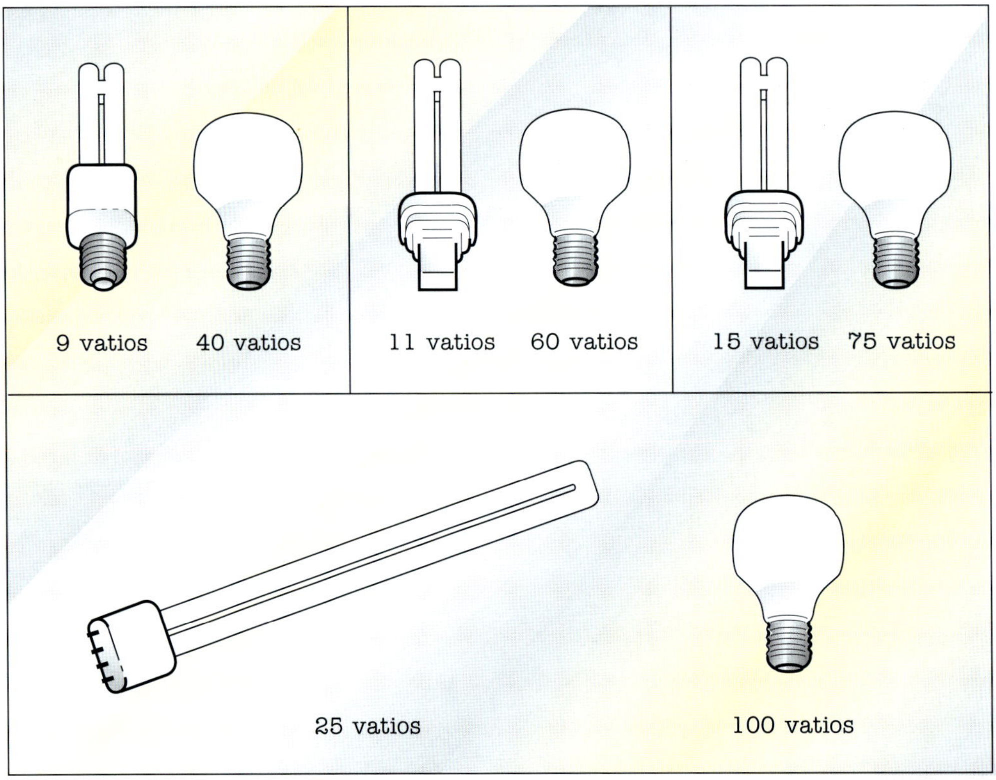


T R U C O S

**ACABAR CON LAS MANCHAS DE...**

COLA

Cuando se encolan ensambles, la cola que rezuma deja manchas al secarse, por lo que conviene eliminarla con una rasqueta antes de que se endurezca.

Los pegotes de cola se quitan con un cepillo suave o un trapo mojado en agua caliente con vinagre (mezclar cuatro partes de agua muy caliente con una parte de vinagre).

Una bombilla de ahorro da la misma luz que una tradicional, pero necesita aproximadamente un ochenta por ciento menos de energía.

Podremos así sustituir una bombilla incandescente por otra equivalente de apenas un cuarto de consumo.

Con una bombilla fluorescente de bajo consumo evitaremos además que se emita casi media tonelada de dióxido de carbono durante la vida de la bombilla.

Con sólo cambiar aproximadamente la mitad de todas las bombillas del estado por las de bajo consumo, ahorraríamos la energía equivalente a la que genera una central nuclear durante un año.

Aunque las bombillas de bajo consumo son más costosas, tienen un tiempo de vida mucho mayor y resultan, a la larga, más rentables.

Las bombillas de bajo consumo tienen un peso reducido y se fabrican con los mismos casquillos que las incandescentes tradicionales. Su instalación, por tanto, no tiene ningún problema.

# Elaboración de velas

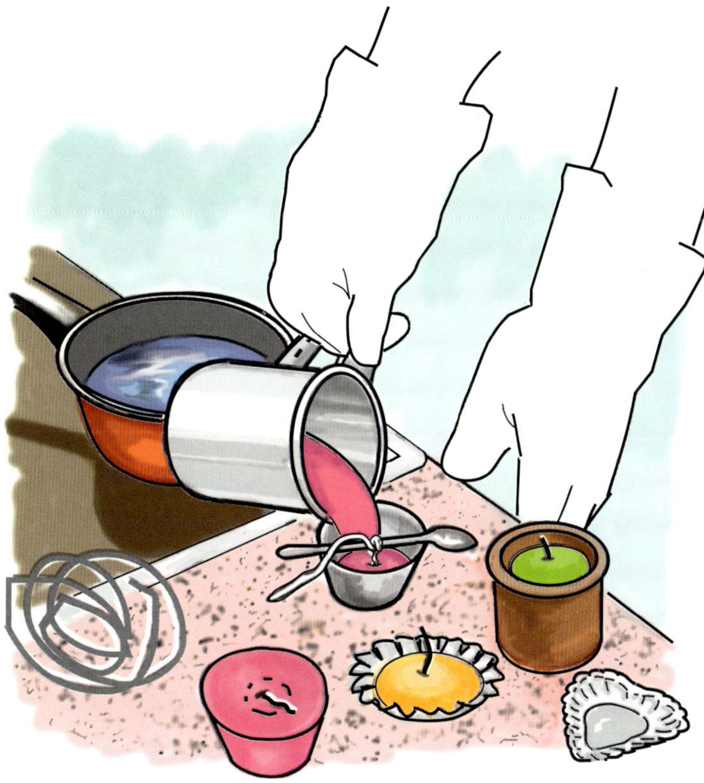

No hay como una velada a la luz de las velas... ¡Valga la redundancia!... Con los materiales básicos y un poco de imaginación, fabricaremos nuestras velas y crearemos un ambiente mágico y personal.

Necesitaremos dos partes de parafina por cada una de estearina. Trocearemos estos ingredientes y los mezclaremos en un recipiente al baño María. De este modo conseguiremos derretirlos.

Si queremos colorear la mezcla, añadiremos lapiceros de cera coloreada.

También podremos perfumar las velas. Para ello añadiremos esencia, siempre con una base aceitosa, muy densa. No debemos emplear esencias al alcohol.

Para moldear las velas utilizaremos recipientes como tarros de cerámica o barro, vasos de plástico o papel o moldes de repostería.

Elaboraremos el pábilo o mecha con un cordón de algodón retorcido que sumergiremos en la cera. Lo impregnaremos bien y lo dejaremos secar suspendido por un extremo, bien estirado.

Comenzaremos rellenando el molde con cera tibia, pero siempre líquida. Introduciremos a continuación el pábilo atado en una varilla o alambre que apoyaremos en el borde del molde. De esta manera la mecha quedará totalmente vertical dentro de la vela.

La mezcla tardará varios minutos en enfriarse y tomar la forma del molde. Si tiramos del pábilo y no se mueve es que ya está lista... Podremos sacar la vela del molde con cuidado de no romperla.

T R U C O S

**LIMPIEZA DE...**

OBJETOS DE ESTAÑO

El poso del café es un excelente limpiador para el estaño, que además, reaviva su brillo natural.

El estaño también quedará perfecto si frotamos la pieza con las hojas grandes de una col cruda. Después aclararemos con agua.

# TAPIZAR una

*Aunque hoy en día nos resulte extraño, la costumbre de comer sentado es relativamente reciente, y mucho más aún la de proteger las posaderas con acolchados o tapizados.*
*En sus inicios, hace poco más de 400 años, esta moda debió parecer una auténtica extravagancia.*
*En lo que respecta a nuestro trabajo ¡nada de extravagancias!, nos centraremos en una labor de auténtica artesanía, recuperando y restaurando una vieja silla del desván o trastero.*

# silla

## herramientas

Grapadora con sus grapas.
Martillo y tachuelas.
Tenazas, punzón y destornillador.
Tijeras y cinta métrica.

## materiales

Guata artificial y guata prensada.
Tela para tapizar y forro.

**1** El primer paso para tapizar el asiento será retirar el forro viejo extrayendo las tachuelas. Tendremos cuidado de no dañar la madera; para ello haremos palanca con el destornillador.

Si vemos que el relleno de la silla está muy apelmazado, añadiremos guata de miraguano en la parte inferior del asiento.

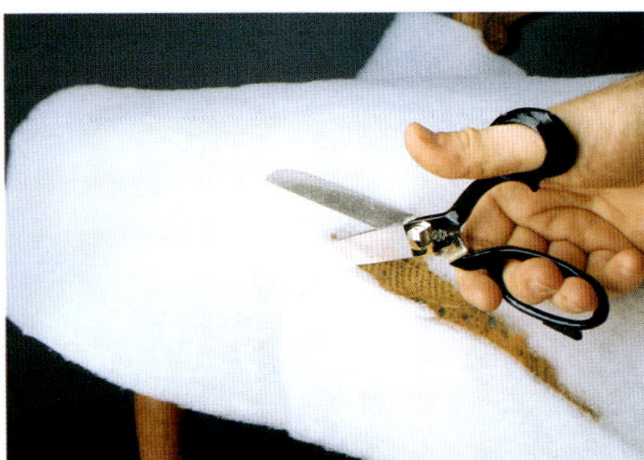

**2** La puesta en blanco consiste en la colocación de un retal de miraguano en tela que recubra el almohadillado del asiento.

Para realizar esta operación cortaremos un pedazo de miraguano ligeramente más grande (unos 5 cm) que la superficie del asiento. Efectuaremos los cortes necesarios para que el retal case con las formas del respaldo.

Procederemos a continuación al chiflado, esto es, al corte en oblicuo o bisel del borde superior del miraguano. Con esta operación evitaremos regruesos o abultamientos del relleno en los cantos del asiento.

**3** Antes de cortar el nuevo tapiz cogeremos las medidas de la pieza con suficiente holgura para que podamos replegarlo en la parte inferior del asiento.

Según la tapicería y el diseño que escojamos, podremos centrar, o descentrar, expresamente el estampado del recubrimiento. Puesto que nosotros hemos decidido alinearlo, marcaremos el centro de la parte trasera y delantera para guiarnos en su colocación.

**4** El paso siguiente consiste en «apuntar» la tela de tapicería con tachuelas. Esta técnica consiste en presentar la tela provisionalmente para facilitar el corte y pliegue del forro.

**5** Por la parte trasera, bajo el respaldo, efectuaremos 2 cortes en la diagonal para contornear los montantes de la espaldera.

Cuando ciñamos la tela al armazón de la silla en lugares a la vista, la plegaremos hacia el interior unos 5 cm.

**6** Cortaremos igualmente todo el exceso de tela para evitar abultamientos antiestéticos.

Modificaremos la posición de las tachuelas hasta tensar debidamente la tela.

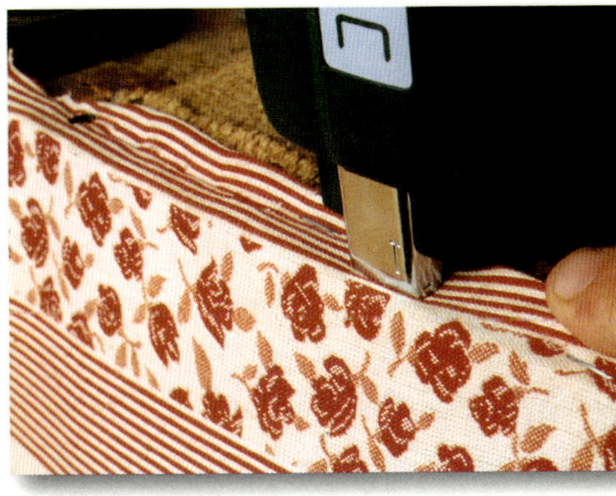

**7** Para afianzar definitivamente la tapicería, sustituiremos las tachuelas por grapas. Será la sujeción definitiva, y la situaremos debajo del asiento, disimulado a distancia del borde.

En las partes vistas, como la frontal de las patas, doblaremos la tela y la fijaremos con tachuelas de cabeza redonda o decorativa, ya que quedarán a la vista.

**8** Para concluir este trabajo clavetearemos, también con grapas, una tela blanca plegada en los bordes, que disimule a la perfección la fijación de la tapicería así como la parte inferior del asiento.

# Desatascar desagües

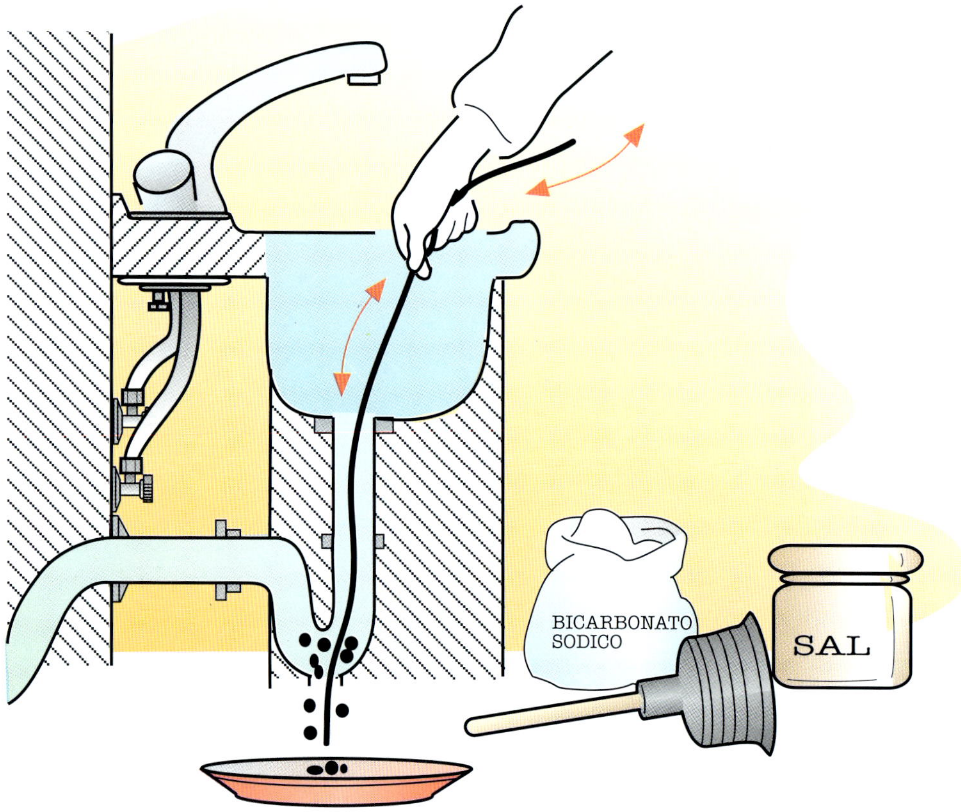


¿A quién no se le ha atascado el desagüe?
Es una pequeña contrariedad muy fácil de solucionar.
Nos aseguraremos de que no se trata de un tapón creado en la botella o sifón del desagüe. Esta pieza se desenrosca y su función es, entre otras, servir de depósito de los sólidos que no pueden ser arrastrados por el agua.
Si de este modo no solucionamos el problema, comenzaremos taponando el respiradero del fregadero.
Con la ayuda de un chupón desatascador cubriendo el orificio de desagüe, haremos presión succionando y presionando varias veces hasta hacer saltar el tapón.
A veces, este método no basta y tenemos que recurrir al alambre que introduciremos hasta dar con el tapón. Forzaremos hasta despejar el paso accionando el grifo.
También podremos utilizar cristales de sosa con agua caliente, pero se trata de un remedio muy agresivo por lo que tendremos que tomar todas las precauciones indicadas por el fabricante.
También es efectivo, como limpiador preventivo, echar una taza de sal y otra de bicarbonato sódico seguidas de un par de litros de agua hirviendo o bien una taza de vinagre seguida de agua caliente.
Si nada resulta ¡cuidado!, es preferible no dañar las cañerías del desagüe y avisar a un técnico profesional.

# Estanterías de cristal para baños

Un buena forma de tener todas las cosas a mano y ordenadas es colocarlas sobre unos estantes. Si además son de cristal, resultarán fáciles de limpiar y de instalar, decorando nuestro cuarto de baño con elegancia.

Colocamos primeramente las sujeciones o escuadras que fijan el estante a la pared.

Tendremos que determinar el lugar de colocación cuidando la horizontalidad de los soportes, sobre todo si son dos. No dudaremos en utilizar el nivel y marcar claramente las referencias con un lápiz.

Para asegurarnos de que la broca no va a resbalar al perforar, picaremos el esmalte con un clavo, de un golpe seco de martillo.

Para el azulejo utilizaremos una broca de gran dureza, de *widia* o de carburo de tungsteno, con el taladro en posición normal de giro, sin percusión.

Perforaremos e introduciremos tacos de plástico.

Colocamos la pieza superior del soporte y atornillamos los tirafondos.

La pieza inferior de la sujeción va encajada en la ranura o carril de la pieza ya instalada.

Repetiremos la operación en la otra sujeción y pondremos las tapas embellecedoras.

Para terminar, ajustaremos el clip que presiona el vidrio hasta que éste quede perfectamente sujeto.

T R U C O S

**MANTENIMIENTO Y LIMPIEZA**

Cuando una puerta roce con el suelo, podremos evitar este problema colocando una hoja de lija en el suelo, donde roce la puerta, con el grano hacia arriba, abriendo y cerrando la puerta varias veces hasta acabar con la traba.

# VIDRIER

# *emplom*

*La técnica de las vidrieras emplomadas nos ha permitido durante siglos crear auténticas obras de arte, habitualmente de carácter litúrgico.*

*Los espacios iluminados a través de estas vidrieras toman un carácter casi mágico en un juego de luces y colores.*

*Gracias a las modernas técnicas de coloreado y a las cintas autoadhesivas podremos recrear los ambientes coloridos con nuestro propio carácter.*

## herramientas

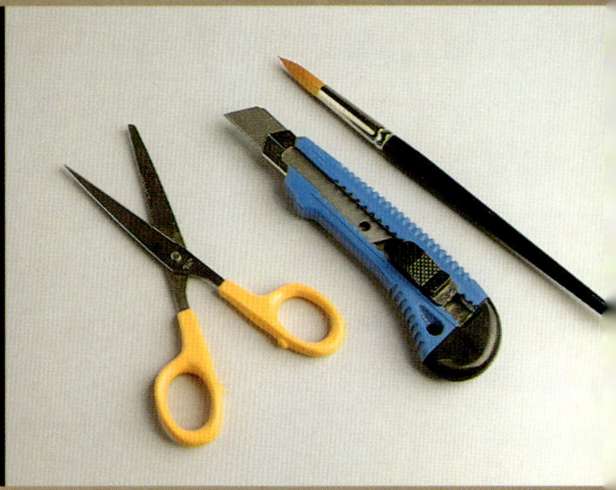

Espátula de emplomado.
Tijeras.
Cúter.
Pinceles.

# AS
# *adas*

## materiales

Plantilla.
Plomo autoadhesivo.
Pintura para manualidades.
Alcohol.
Bastoncillos higiénicos.

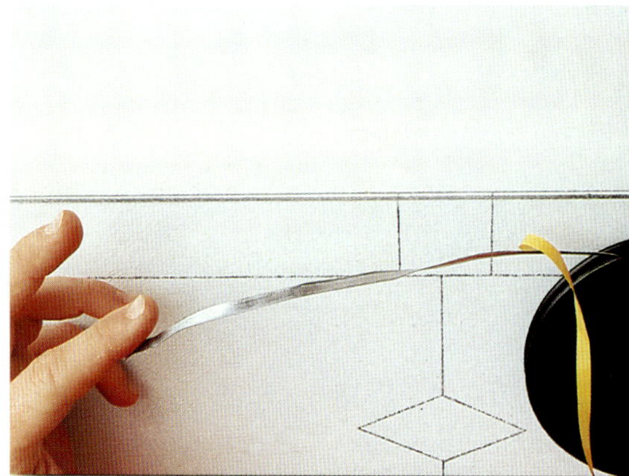

**1** El primer paso consistirá en dibujar sobre una cartulina o papel el diseño del emplomado de la vidriera.

Colocaremos esta plantilla bajo el cristal y, por transparencia, seguiremos las líneas trazadas.

Para desplazar el cristal es aconsejable tomar precauciones y moverlo con dos tacos de madera, ya que los cantos resultan muy cortantes.

**3** **Pegado de la cinta de plomo:**

La cinta autoadhesiva de plomo puede encontrarse en tiendas de bricolaje y manualidades. Existe en varias anchuras y el propio *kit* viene provisto de una espátula para su manipulación.

**2** La cinta de plomo autoadhesiva necesita un soporte perfectamente limpio para un pegado sólido y duradero. Para ello limpiaremos la superficie, en este caso el cristal, con alcohol y un paño seco y limpio de polvo.

**4** Tomando la plantilla como guía, comenzaremos pegando las líneas verticales y horizontales. Cortaremos la cinta siempre algo más larga que el tramo que pegaremos. A medida que retiramos el plástico protector de la parte adhesiva, pegaremos de inmediato presionando levemente con el dedo.

El pegado definitivo lo efectuaremos con el lado cóncavo de la espátula.

Combinaremos uniones a tope, es decir, haciendo casar las puntas de las líneas y cruces superpuestos. En este caso la cinta de plomo pasará literalmente sobre una línea perpendicular pegada anteriormente.

**5** En pequeños rombos, cuadrados u otras figuras, los lados que las componen podrán montarse unos sobre otros, en círculo. Para cerrar el bucle dejaremos sin pegar el comienzo del primer lateral para que el último pueda alojarse debajo.

Para adherir porciones curvas retiraremos el protector del adhesivo a poquitos, marcando la curva modelando el plomo. Al efectuar rizos cerrados aparecerán dobleces o arrugas en la parte interior de la curva. Para eliminarlos, una vez adherido todo el arco, los alisaremos con la punta de la espátula diseñada para este efecto.

**6** **Pintado:**

El pintado de las vidrieras es muy sencillo. Nosotros hemos escogido unas pinturas al alcohol, es decir, que se disuelven en alcohol, especiales para este tipo de trabajos.

En tiendas de bricolaje y manualidades encontraréis una surtida oferta de pinturas con distintos disolventes.

**7** Las pinturas al alcohol secan muy rápido y, aunque en un principio parezca una desventaja, la marca del trazo será irregular y presentará un acabado irregular, con nube, muy similar al auténtico.

Utilizaremos todos los colores que se nos antoje y aplicaremos con un pincel fino y suave.

**8** Para un acabado perfecto, limpiaremos las manchas de pintura sobre el plomo con bastoncillos higiénicos embebidos en alcohol.

### Precauciones:

Atención a las caídas de cinta de plomo... Es un metal altamente tóxico que nunca dejaremos al alcance de los niños. Una vez acabado el trabajo nos informaremos para depositar los sobrantes en el lugar adecuado.

También tendremos cuidado al limpiar la vidriera. No utilizaremos productos con alcohol que dañarían el trabajo de pintura.

Para terminar os recordamos que la manipulación de cristal puede ser peligrosa (bordes cortantes), por lo que os aconsejamos emplear guantes gruesos para su manejo.

# Plantilla

# Masilla en juntas de ventana

Un problema con el que habitualmente nos encontramos son las ventanas con cristales mal asentados, debido a que la masilla está reseca y resquebrajada.

Comenzaremos por retirar la masilla vieja utilizando una rasqueta o un formón.

Limpiaremos el galce hasta dejar a la vista las puntas viejas de sujeción del cristal. Las sustituiremos arrancándolas con unas tenazas o alicates y claveteando nuevas puntas.

Presionaremos un cordón de masilla contra el galce del marco, comprimiéndola contra el vidrio e igualándola en todo el contorno.

Con una espátula húmeda daremos forma a la masilla a 45°, cubriendo las puntas y quitando el sobrante.

Si efectuamos esta maniobra de un tirón, conseguiremos un acabado ideal.

Esperaremos unos días hasta que la masa se asiente antes de pintarla.

Esta primera solución es la más tradicional, sin embargo, también se pueden utilizar siliconas o derivados de resinas sintéticas, que tienen la ventaja de ser elásticas.

Estos productos tienen gran poder adherente y sellante, y se adaptan a la perfección a las dilataciones y contracciones del vidrio debidas a los cambios de temperatura.

**TRUCOS**

La cola blanca de carpintero, cuando lleva cierto tiempo destapada, se espesa, por lo que su aplicación resulta incómoda; para evitarlo, añadiremos un poco de agua templada con el fin de diluirla.

# FLORES sec

*Disfrutar del colorido y alegría que nos proporcionan las flores resulta difícil y costoso fuera de la temporada de floración.*

*Existe un recurso, tan atractivo como antiguo, que consiste en la composición de flores secas. Se trata de una técnica muy sencilla y al alcance de todos y todas. Gracias a los modernos productos químicos como el gel de sílice, el bórax o la espuma conocida como* mosi, *podremos diseñar con gran facilidad un precioso y florido centro.*

herramientas

**Tijeras de podar.**
**Pistola de encolar.**

as

materiales

**Flores secas.**
**Fijador.**
**Bola de *mosi*.**
**Cesto.**
**Tronco.**

**1** El secado de las plantas y, en particular, las flores (que son más delicadas) requiere un proceso muy cuidadoso.

Podremos utilizar gel de sílice para secar las flores. Se trata de un producto que absorbe la humedad.

En un recipiente que podamos cerrar herméticamente colocaremos una base de gel de sílice.

Cortaremos los tallos de las flores en bisel para insertarlos en la base de gel.

Cubriremos las flores por completo, con mucho cuidado de no dañarlas, con el producto absorbente.

Cerraremos el recipiente y dejaremos la flores en un oscuro (si el recipiente no es opaco) durante 2 o 3 días. Observaremos que el sílice se torna rosáceo; esto indica que ha absorbido el agua de las flores.

**2** Otra técnica para secar las flores consiste en construir una pequeña estructura que soporte una rejilla en posición horizontal.

Colgaremos las flores en los orificios de la malla (tallo seccionado en bisel), guardándolas a continuación en un lugar seco, oscuro y bien ventilado.

Esta técnica es ideal para flores de mucho pétalo que podrían sufrir con el método del gel de sílice.

**3** Cuando las flores estén totalmente secas, prepararemos la base sobre la que trabajaremos.

Emplearemos *mosi* en forma de bola y cubo.

Insertaremos esta espuma en el cesto con el que conformaremos la base.

Cortaremos los ángulos en oblicuo para poder distribuir más fácilmente el espacio situado al borde del cesto.

**4** En medio de esta base insertaremos un pequeño tronco de madera que encolaremos para fijarlo. El centro quedará más lucido si hallamos un tronco de formas caprichosas.

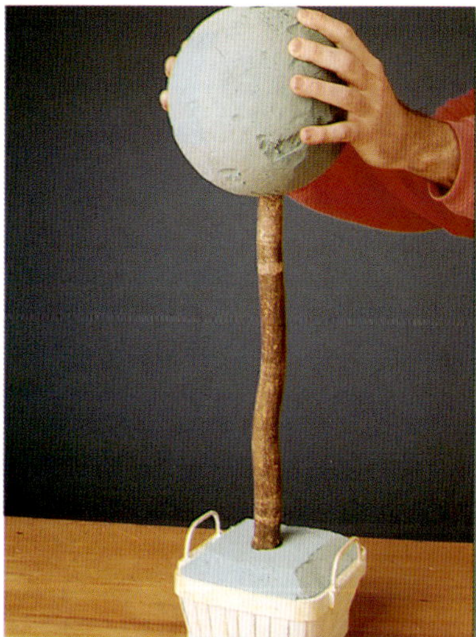

**5** También encolaremos e insertaremos la bola de espuma, pero esta vez en el otro extremo del tronco.

**7** Decoraremos la base siguiendo el mismo procedimiento: primero una base de ramilletes y a continuación un decorado de flores.

Podremos dar un toque de color de contraste con pétalos de violeta esparcidos entre las flores.

**6** Comenzaremos decorando la copa del centro. Insertaremos un fondo de hortensias cortadas en pequeños ramilletes bien densos y de distintos colores.

Daremos un toque de color con flores vistosas; nosotros hemos escogido los capullos de rosa.

En caso de que con el secado el capullo pierda el tallo, insertaremos un fino alambre al que previamente habremos torcido un extremo. Este diminuto bucle quedará disimulado entre los pétalos y el alambre hará la función de tallo.

**8** Para que nuestro centro tenga un tono de suave brillo y los pétalos queden más rígidos, rociaremos la composición con laca. En el mercado hallaremos productos preparados para este efecto.

**Recomendaciones:**

Cuando arranquemos flores silvestres para constituir el centro, nos aseguraremos de que no dañamos ninguna especie protegida.

Tendremos especial cuidado con el musgo o el acebo, especies protegidas que muchos utilizan irresponsablemente para realizar centros.

# Técnicas de rodrigar

T R U C O S

**JARDINERÍA**

Cuando los helechos hayan perdido la exuberancia y el verdor del primer día, colocaremos, una vez a la semana, un cubito de hielo sobre la tierra de la maceta. Comprobaremos ¡cómo no! que el hielo se va deshaciendo poco a poco, pero también que el helecho recupera su vigor y brillo originales.

Rodrigar una planta es construir un tutor o guía que, además de dirigir su crecimiento, le proporcione un aporte de nutrientes y humedad. Nos será muy útil para guiar plantas trepadoras o cuando las plantas sean débiles o muy tiernas.

Para rodrigar nos va a hacer falta un palo de caña cuya longitud variará en función de la altura de nuestra planta.

Tomaremos un trozo de red de malla plástica de dos o tres milímetros y de aproximadamente veinticinco centímetros de anchura y la altura de la caña.

Para el relleno no utilizaremos musgo (se trata de una especie muy protegida), en su lugar emplearemos hojas secas de plátano y turba.

Colocaremos la hojas secas encima de la red de plástico y sobre ellas añadiremos una columna de turba.

Colocamos el palo en medio y enrollamos la red enroscándolo todo.

Con alambres finos y moldeables afianzaremos en una pieza la guía o tutor.

Insertaremos este troncho en la tierra, cerca del pie de la planta, y aprovecharemos los extremos del alambre que rodea la guía para sujetar y levantar algunos de los tallos de la planta. Evitaremos estrangular las ramas y, de vez en cuando, humedeceremos la guía.

# Riego con aspersores de superficie

Es sabido que nunca llueve a gusto de todos... ¡Pero no hay problema! Incluso la falta de agua puede remediarse con un riego por aspersión racionalizado.

Hoy en día prácticamente todos los sistemas de riego son programables, lo que permite artificial que producen, debiendo adaptarse ésta a la forma del terreno a irrigar. Escogeremos también el tipo de riego, en lluvia pulverizada o chorro, y el tipo de soporte inferior para elevar el punto de aspersión, adaptándolo a la altura de las plantas que re-

T R U C O S

**JARDINERÍA**

Remover la tierra de vez en cuando para airearla y que las raíces puedan respirar. Podrá servir un palito o bolígrafo viejo. ¡Cuidado de no romper las raíces!

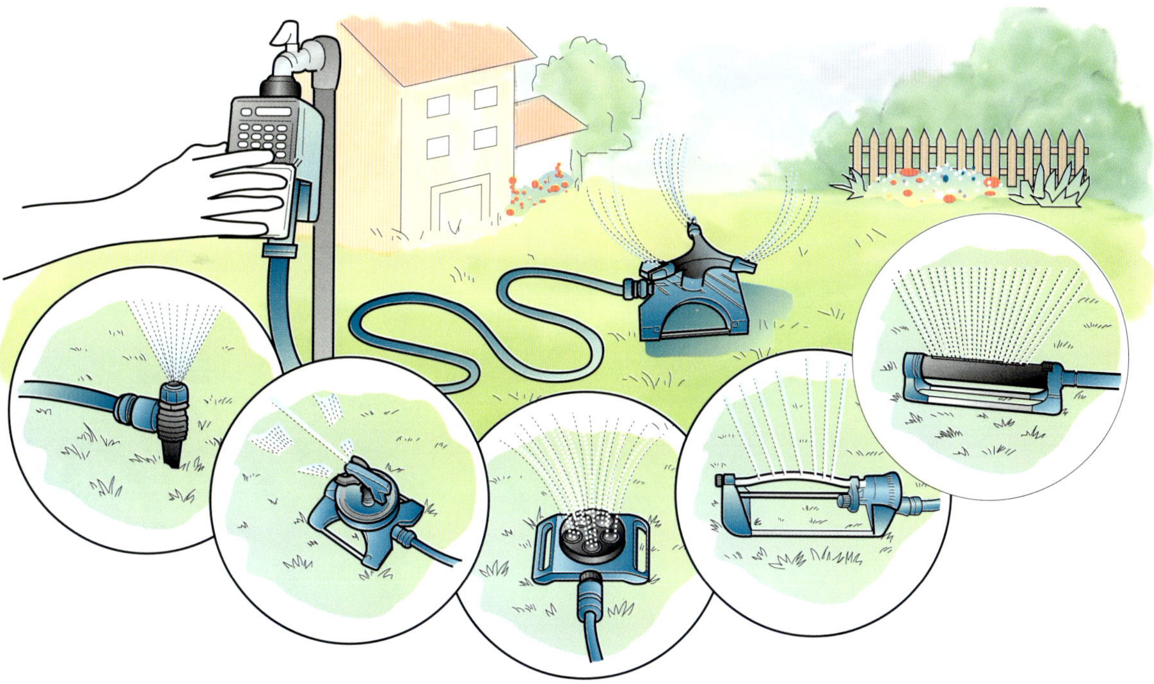

una aspersión mucho más estudiada y eficaz.

Básicamente, existen tres tipos de aspersores: los de impulsos, los circulares y los de aspersión rectangular. En realidad no difieren más que en la superficie que abarca la lluvia guemos. Un último consejo: el agua es un bien escaso y preciado por lo que regularemos el riego a lo estrictamente necesario. Programaremos preferentemente para el anochecer, reduciendo al máximo la pérdida por evaporación.

# CAJÓN reci

*¡Atentos y atentas! Un tema perfecto para los amigos de las basuritas... Muchos de nosotros perdemos la vista en los contenedores de desescombro o en los viejos camarotes. A menudo, lo inservible para algunos puede ser una auténtica joya para otros... Un viejo cajón puede esconder una preciosa madera que hará nuestras delicias reconvertido en estantería.*

lado

## herramientas

Brocha.
Lijadora eléctrica y papel de lija.
Pistola de calor.
Espátula.
Pistola de cola con barras de cola.
Sierra de calar.

## materiales

Cajón viejo.
Moldura.
Tirador.
Tabla de pino.
Puntilla.
Tinte para madera.

# CAJÓN
*reciclado*

**1** Reciclar un viejo cajón puede ser una operación muy entretenida y gratificante.

Comenzaremos descubriendo la madera original. Para ello quitaremos el pomo y decaparemos toda la superficie.

Nosotros hemos utilizado una pistola de calor. Aplicando el chorro de aire caliente (hasta 530°) sobre el recubrimiento lo fundimos o cuarteamos, levantándolo de la madera. Bastará entonces con raspar con una espátula y retirar la pintura vieja.

Trabajaremos siempre a favor de veta y con cuidado de no ennegrecer la madera con el calor.

El decapado también lo podríamos haber hecho a mano.

**2** Para un acabado perfecto lijaremos toda la madera a mano o con una lijadora. Este proceso lo podremos realizar también por procedimientos químicos. Estas técnicas os las hemos descrito detalladamente en el capítulo «Decapantes».

**3** El cajón está ya listo y podremos empezar a preparar los estantes que irán ubicados en su interior.

Tomaremos las medidas detalladamente, ya que a menudo los cajones viejos se han deformado con el uso y están desencuadrados.

Aprovecharemos para marcar el lugar donde colocaremos los soportes para las baldas.

**4** Con la sierra de calar cortaremos los estantes, así como unos listones de 3 o 4 cm de anchura que servirán para preparar un remate decorativo a modo de pequeña barandilla.

Para realizar corte en ángulo recto podremos utilizar la propia escuadra a modo de guía, apoyando el patín de la sierra en su canto.

**5** El trazado de la moldura decorativa lo haremos con una moneda o cualquier otro objeto similar. Repetiremos el motivo escogido desde el centro hacia los lados, de forma que los 2 acabados sean simétricos.

Para el corte utilizaremos la sierra de calar y efectuaremos el trabajo en 2 pasadas. Con el primer corte perfilaremos media circunferencia (en cada uno de los motivos), desde el punto más alto de la curva hasta la intersección con el siguiente círculo.

Con la segunda pasada (en sentido contrario) cortaremos la otra «vertiente» de cada semicírculo.

**6** Todas las piezas están ya listas y el cajón preparado para el montaje.

Como es habitual en todos los trabajos de bricolaje, lijaremos cuidadosamente cantos, aristas y superficies.

Encolaremos a continuación el remate del estante dejando un reborde de 1 cm aproximadamente.

Aunque nosotros utilizamos la pistola de encolar, también podremos realizar el ensamblaje con puntas de cabeza perdida y cola de carpintero. Si escogéis esta solución tened cuidado al clavetear las puntas, la madera puede abrirse. Os aconsejamos achatar las puntas y clavar con mucho cuidado.

**7** Con las estanterías colocadas y la cola perfectamente seca (cuidado con el exceso de cola: el tinte no coge sobre las manchas), procederemos al tintado de la madera.

Cuando apliquemos tinte es aconsejable realizar pruebas en una superficie de desecho hasta dar con el tono deseado. La intensidad del tinte varía en función de la dilución y de las capas que apliquemos.

Es importante teñir siempre con brochazos a favor de la veta y de una sola pasada.

**8** Para terminar volveremos a colocar un tirador, el original o cualquier otro que sea de nuestro agrado... Será el toque que recuerde el origen de este pequeño mueble que hemos diseñado.

Por supuesto, podremos decorar la madera con puntillas de encaje o cualquier otro acabado decorativo, como el estarcido o incluso el pirograbado... ¡Rienda suelta a la imaginación!

# Accesorios de seguridad para baños

T R U C O S

**JARDINERÍA**

Para conseguir la floración de bulbos de primavera fuera de temporada, simularemos el período invernal introduciendo durante un mes el bulbo plantado en el frigorífico o en un lugar frío y oscuro; pasado este tiempo florecerá en una o dos semanas al colocarlo en un lugar cálido y luminoso.

Gran parte de los accidentes domésticos se producen en el cuarto de baño, por lo que se deben tomar precauciones y evitar riesgos.

Uno de los elementos que facilitará la entrada y salida de la bañera es un pasamanos o asidero.

Existen diferentes modelos de asideros; lo elegiremos en función de nuestras necesidades funcionales y estéticas.

Instalarlo es muy fácil. Marcamos primeramente los puntos donde irán alojados los tirafondos. Para taladrar emplearemos una broca de *widia*, regulando el taladro en posición de giro, es decir, sin percusión. Introducimos los tacos y fijamos el pasamanos atornillándolo sólidamente.

Otra medida de seguridad contra los resbalones es colocar alfombrillas o adhesivos antideslizantes en el interior de la bañera o ducha.

Una buena idea para personas con limitaciones de movimiento (ancianos o personas con algún tipo de minusvalía) es colocar un banquillo en el interior de la ducha o bañera.

# Las cantoneras

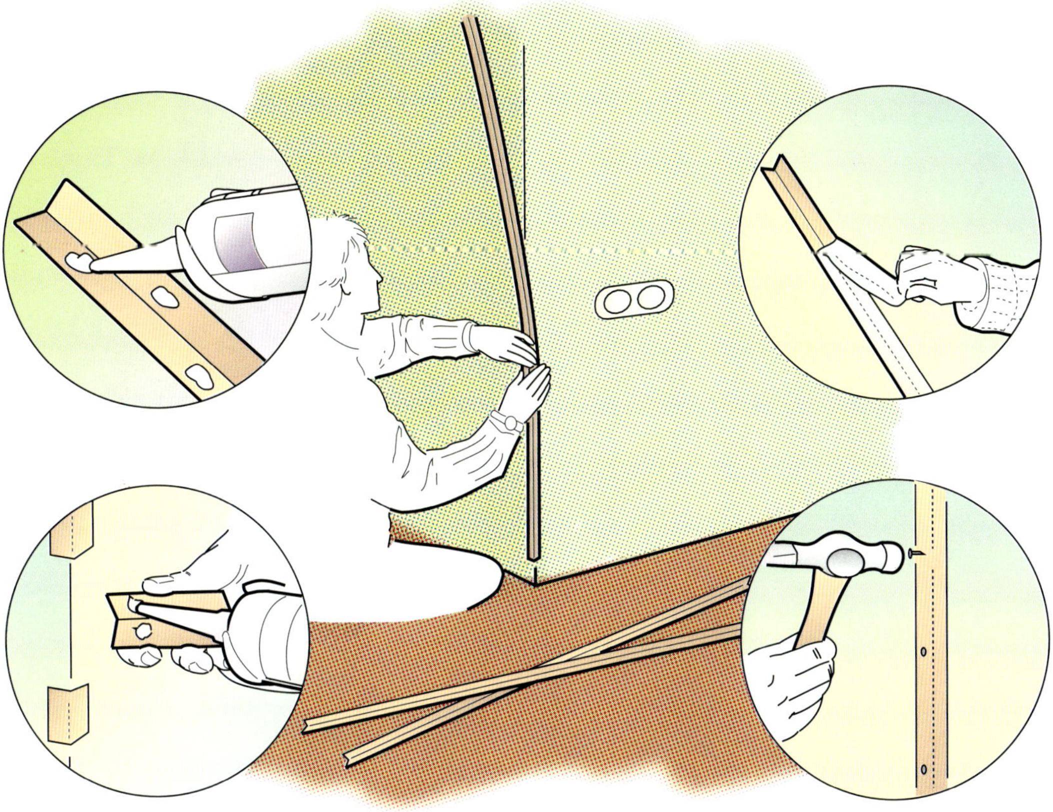

Las esquinas de las paredes están expuestas a golpes y rasponazos... Con unas cantoneras, perfiles o ángulos protegeremos las esquinas de nuestro hogar, a la vez que jugaremos con las posibilidades decorativas que nos ofrecen.
Las cantoneras pueden ir instaladas bajo el revoque o sobre la propia esquina ya rematada.
Para este último caso encontraremos piezas de madera, metal o plástico.
La forma quizá más firme y segura de colocar una cantonera es clavarla o atornillarla.
También pueden ir fijadas con silicona; para ello aplicaremos el producto en el interior del listón antes de situar la cantonera en la esquina.
Otra posibilidad es que vaya pegada mediante las bandas autoadhesivas de la misma cantonera.
También se puede colocar pegando con silicona unos pequeños cartones en la esquina. Debemos dejar una distancia de veinte centímetros de un cartón a otro. Sólo tendremos que ajustar la cantonera, haciéndolo siempre de arriba a abajo.

T R U C O S

**PINTURA**

Guardaremos los botes de pintura bien cerrados y boca abajo, en posición invertida. Así el disolvente que lleva no se evaporará, impidiendo que se forme costra de pintura seca.

# ESTARCI

*El estarcido es una técnica tan antigua como sencilla. Se trata del pintado de superficies por medio de una plantilla o máscara, previamente preparada, con motivos decorativos.*

*Para los menos habilidosos en dibujo es la técnica perfecta de pintado y para los bricoladores en general el medio rápido de dar un acabado espectacular sobre cualquier superficie... Tan sencillo, tan sencillo que el problema está en no saber parar: el estarcido.*

## herramientas

Pinceles de estarcir.
Cuchilla para recortar las plantillas.
Papel de lija muy fino.

## materiales

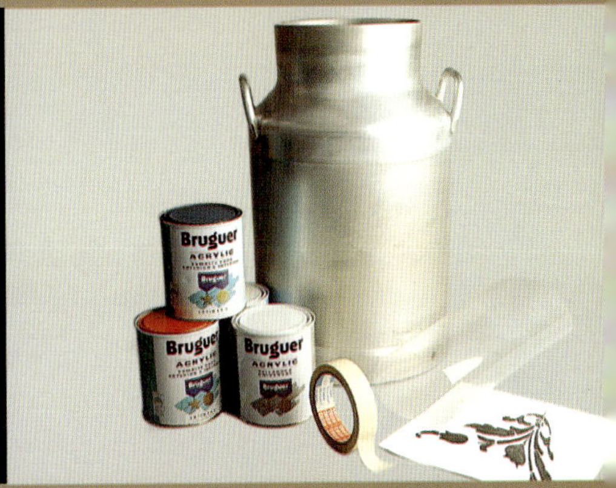


1 cántaro de leche.
Láminas de acetato para las plantillas.
Imprimación selladora acrílica.
Pintura plástica y acrílica para la base y estarcido.
Cinta de carrocero.
Rotulador permanente.

# ESTARCIDO

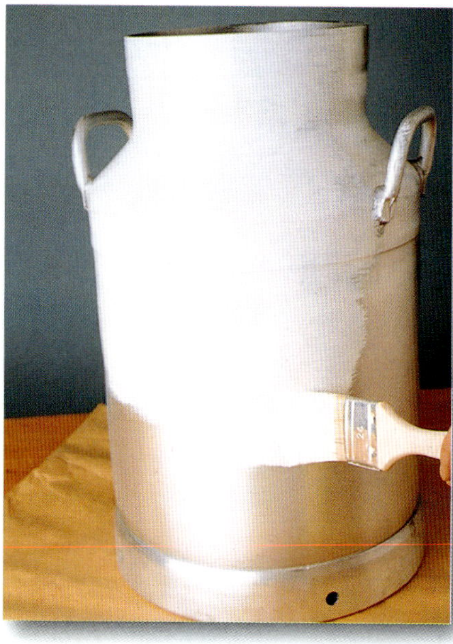

**1** Un objeto cualquiera, el más insospechado, puede resultar de lo más decorativo si sabemos darle el tratamiento adecuado. Nosotros hemos decidido estarcir un cántaro de leche que nos servirá de paragüero.

El primer paso será limpiar la superficie con agua jabonosa y aplicar una imprimación selladora acrílica para que la pintura adhiera bien.

**2** Mientras seca la imprimación prepararemos las plantillas de acetato con el motivo que estarciremos.

Fotocopiaremos el dibujo a la medida que mejor nos convenga. Colocando el acetato sobre la fotocopia, trazaremos con el rotulador el contorno del dibujo.

Para estarcir en varios colores haremos tantas copias del motivo como colores queramos utilizar.

**3** Con el cúter y la cuchilla adecuada para el tipo de contorno que tenemos que recortar vaciaremos el dibujo. En cada máscara retiraremos cuidadosamente las partes llenas del dibujo que vayan del mismo color y dejaremos las que colorearemos distinto.

De este modo, y superponiendo las plantillas entre los huecos de las distintas capas, tenemos que obtener el dibujo original.

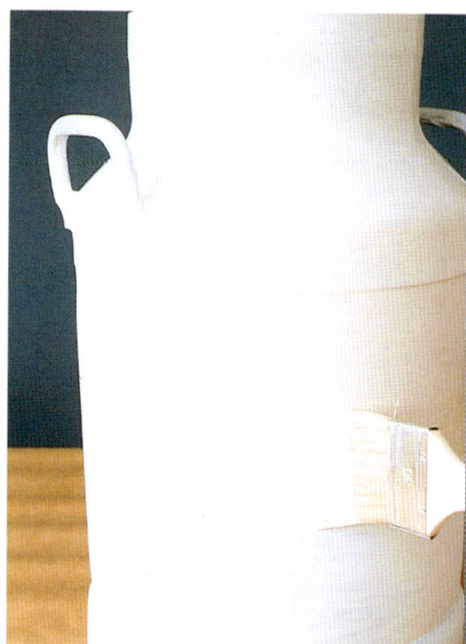

**4** Para cuando tengamos todos los acetatos listos, seguro que la imprimación estará seca.

Podremos entonces proceder al pintado de la base. Utilizaremos pintura plástica, aplicando 2 manos con un suave lijado entre las 2 capas.

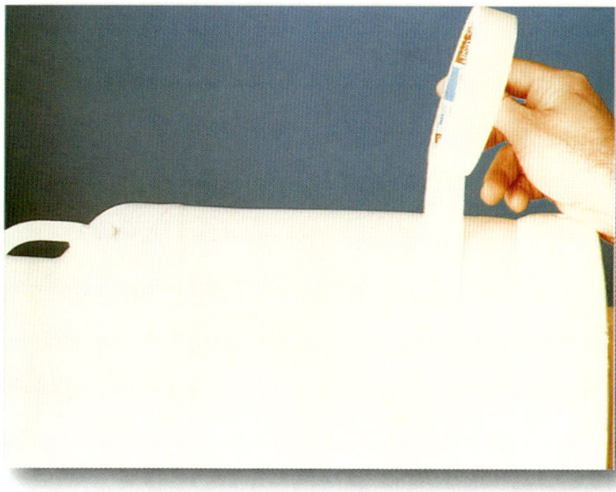

**5** Antes de ponernos a estarcir, daremos los primeros toques de color al cántaro.

Con esmalte acrílico, en un color de realce, pintaremos una franja en la parte inferior. Utilizaremos cinta de carrocero para delimitar los márgenes. Pintaremos también las asas.

**6** Colocaremos a continuación las plantillas de acetato, fijándolas con cinta de carrocero. Calcularemos el número de motivos y la distancia de unos a otros para que el diseño case.

Aplicaremos con pinceles de estarcir o, si no, cortaremos las cerdas de una brocha muy suave dejando el largo de los pelos en un plano.

El secreto del estarcido es aplicar muy poca pintura, formando pequeñas nubes o puntilleados por contacto suave con la punta de las cerdas.

**7** Cada vez que cambiemos de acetato, cambiaremos también de color y de pincel para evitar la mezcla de colores.

Un efecto muy bonito es el de aplicar una pintura sobre otra o sombrear con más o menos densidad un mismo color dentro del mismo espacio.

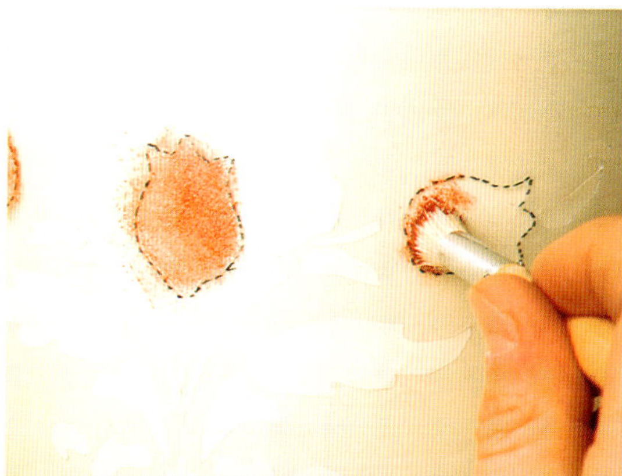

**8** El efecto final es el de un motivo multicolor con sombras y distintos tonos que dan impresiones de volumen.

La técnica del estarcido puede aplicarse a cualquier superficie, bastará con utilizar las bases y pintura adecuadas.

# Plantilla

# El esponjado

Pintar con una esponja es una técnica fácil, con la que obtendremos un bonito acabado decorativo y un efecto multicolor con dos o tres tonos o colores.

humedecida y secada con un trapo, la impregnaremos en la pintura y la presionaremos en un papel de periódico para descargarla.

Ya podemos empezar a dar to-

- No presionar en exceso.
- Unificar las marcas que deja la esponja para evitar claros o zonas muy densas, sobre todo en caso de usar un solo color para el efecto final.

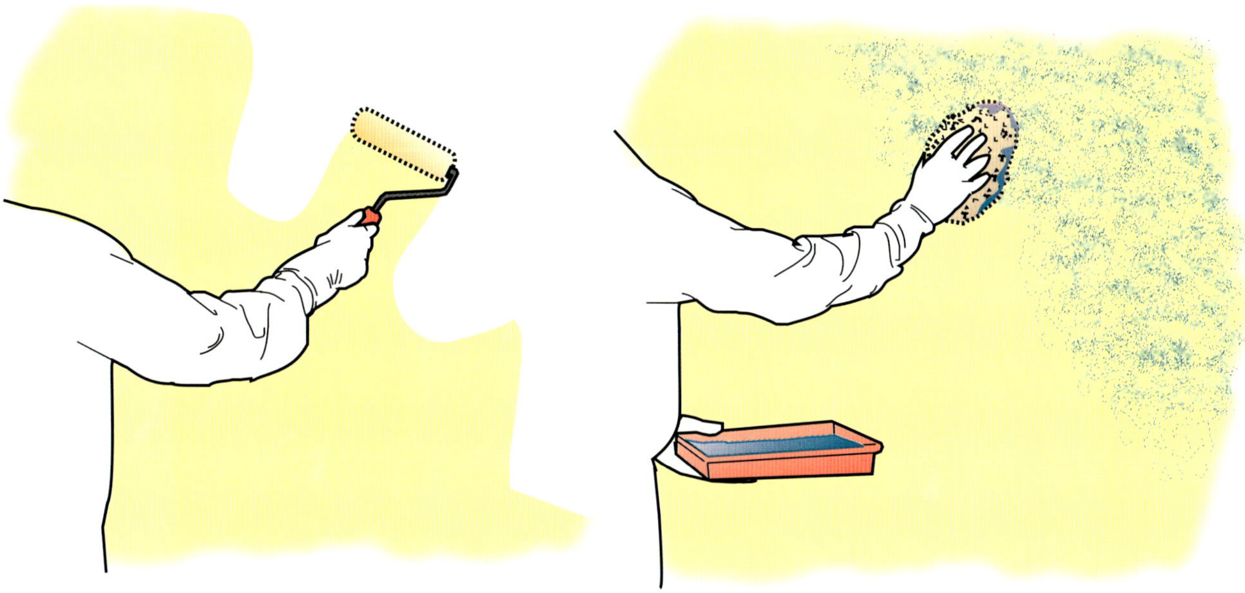

Sobre la pared lisa, limpia y seca, aplicaremos dos capas de pintura plástica mate en un tono suave. Dejaremos secar de 4 a 6 horas.

Para el esponjado se utiliza también una pintura plástica de un tono más intenso que el utilizado de fondo.

Depositaremos muy poca cantidad de pintura en un recipiente plano.

A continuación, cogeremos una esponja natural, previamente

ques en la pared, de forma que obtengamos una distribución regular del dibujo que produce la esponja. Una vez cubierta toda la pared con un trozo de la esponja, retocaremos las esquinas y rincones.

Unos consejos a tener en cuenta:

- No aplicar con la esponja muy cargada de pintura.
- Evitar que la esponja se deslice en la pared.

T R U C O S

**JARDINERÍA**

La mejor manera de limpiar las flores secas es introducirlas durante diez minutos en agua hervida con bicarbonato... ¡Cuando la solución se haya enfriado, claro! Más tarde las dejaremos secar al aire libre.

# DECORAC

# *de una pu*

*Las puertas de casa son uno de los elementos que tenemos menos en cuenta a la hora de cambiar la decoración de nuestro hogar. Con este tema decoraremos de forma original y personalizada las piezas que, sólo por movilidad, pueden ser lo más vistoso de nuestra casa.*

# ÓN

# *erta*

## *herramientas*

**Ingletera.**
**Sierra de calar.**
**Pistola y barras de cola.**
**Lija de mano.**
**Brocha.**
**Martillo.**

## *materiales*

**Tablero de melamina de imitación de raíz de nogal.**
**Junquillos de madera.**
**Picaporte o pomo.**
**Barniz.**
**Masilla de carpintero.**
**Puntas de cabeza perdida.**

# DECORACIÓN *de una puerta*

**1** Para decorar la puerta la sacaremos de sus pernios y la colocaremos sobre un par de caballetes.

Comenzaremos retirando las viejas manillas. Para ello soltaremos primero los pomos y el escudo o embellecedor. Descubriremos de este modo los tornillos de sujeción del mecanismo, que también soltaremos.

El mecanismo del resbalón se suelta desatornillando los tirafondos de la pletina ubicada en el canto de la puerta.

**2** Puesto que las medidas de las molduras vienen dadas, marcaremos sobre el panel de la puerta la ubicación de la plancha interior que imita la madera de raíz de nogal.

Por supuesto, centraremos el diseño en función de estas medidas.

Para cortar la plancha de melamina que imita la madera de raíz de nogal, trasladaremos las medidas sobre el plástico y lo cortaremos con la sierra de calar.

**3** Los paneles están cortados y la ubicación de éstos marcada sobre la puerta. Con la pistola de cola fijaremos las piezas en su sitio.

También podremos utilizar otras colas de tubo, asegurándonos siempre que sean compatibles con los materiales que vamos a pegar entre sí... Eso sí, tendremos que esperar el tiempo de secado antes de proseguir con el trabajo.

**4** La anchura de las planchas nos dará a su vez el largo exacto de los listones. A esta medida le añadiremos el ancho del rebaje del listón, es decir, la parte que irá directamente en contacto con la puerta. Para un case en inglete perfecto (siempre 45° hacia el interior del espacio enmarcado) tendremos que añadir 2 o 3 mm (en función del diente), que es la caída que se produce con el corte del serrucho.

**5** Colocaremos los listones en su lugar encolándolos; de este modo quedarán fijos y podremos clavetearlos sin que se muevan.

**6** Para afianzar definitivamente las molduras emplearemos clavos de cabeza perdida o puntas. Las introduciremos en un punto discreto de la moldura, evitando preferentemente la cara plana frontal.

Por supuesto, botaremos y disimularemos los orificios con masilla de carpintero de la misma madera que las molduras.

**7** Para barnizar los listones colocaremos cinta de carrocero protegiendo la plancha de melamina. Nosotros hemos escogido barniz tinte y aplicaremos 1 o 2 manos en función del tono que queramos dejar para el acabado.

**8** ... Y sólo nos queda colocar una manilla o empuñadura a juego con el nuevo estilo de la puerta.

Tendremos en cuenta la distancia entre la pletina del resbalón y el eje de la manilla, que en los modelos estándar es de 60 o 70 mm.

# El lacre

T R U C O S

**MANTENIMIENTO Y LIMPIEZA**

Para clavar puntas pequeñas, colocarlas en posición sobre un poco de masilla o plastilina. Esto hará más fácil su manipulación.
También será de gran utilidad sujetar el clavo en la hendidura de una tira de cartón o cartulina, de manera que nuestros dedos queden alejados del lugar donde hay que golpear. También podremos sujetar el clavo entre las púas de un peine viejo.

El lacre es un compuesto coloreado a base de goma laca y trementina, al que se le añade bermellón u otro colorante. Habitualmente lo encontraremos en forma de pasta sólida en barritas.
Su uso surge en España en el siglo XVI, a partir del comercio, con las Indias, extendiéndose después por toda Europa.
Utilizado para cerrar envíos postales, cartas, paquetes y sellar documentos, así como botellas, su uso postal disminuyó mucho con la introducción de los sobres con pestaña engomada. Sin embargo hoy en día, su uso, tanto decorativo como para personalizar objetos y cartas, sellado de regalos y tarjetas, es un signo de elegancia y distinción.
Para lacrar, impregnaremos con aceite mineral la superficie del objeto con el que vamos a presionar el lacre, cortaremos un trocito de lacre y lo derretiremos aplicando calor, con una vela o cerilla o con unos pequeños aparatos eléctricos especiales, dejándolo que gotee sobre la superficie a lacrar. Antes de que endurezca presionaremos con el sello metálico u objeto elegido, por ejemplo un botón, una tuerca o una moneda, a los que podremos pegar un tubillón a modo de empuñadura.

# Limpiar la plata

Cuando se trate de limpiar objetos de plata debéis tener presente una serie de premisas. Por ejemplo, no limpiaremos nunca la plata con un producto en polvo, pues la rayará.

Tampoco frotaremos con lejía el objeto a limpiar, porque formará una mancha permanente en el mismo.

Para secar la plata no emplearemos trapos nuevos de lino, porque al principio son abrasivos.

Ahora vamos a ver una forma sencilla y nada contaminante de limpiarla.

Necesitaremos agua y sal marina, 125 gramos por cada litro de agua.

Vertemos la sal en el recipiente y luego añadimos el agua. Ponemos todo a hervir.

A continuación, envolvemos el objeto de plata que deseamos limpiar en papel de aluminio y lo introducimos en la olla, asegurándonos de que quede bien sumergido.

Cinco minutos después, sacamos el objeto .

Lo ponemos bajo el chorro de agua fría. y pasamos a desenvolverlo.

Finalmente, lo secamos con un paño para devolver a la plata su brillo original.

T R U C O S

**PINTURA**

Los clavos, puntas, tirafondos y otros elementos que tienden a oxidarse pueden protegerse con una pincelada de pintura grasa (al aceite). Este truco es muy útil sobre todo en los cuartos de baño y en habitaciones donde exista mucha humedad.

# MESA ma

*Una vieja mesa, unos azulejos rotos y una buena dosis de imaginación... Poco más hace falta para cambiar el aspecto de una mesa y crear un precioso mosaico. La técnica que emplearemos será, además, aplicable a otro sinfín de casos decorativos... Y casi todo con material reciclado...*

## herramientas

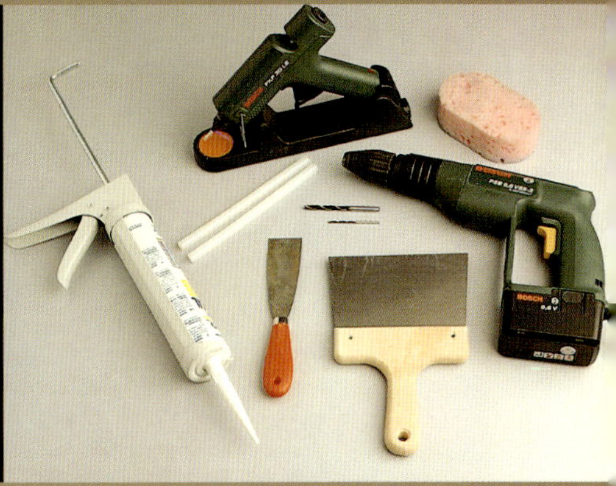

Silicona.
Pistola de cola y barras.
Espátula ancha y pequeña.
Taladro y broca de 6 mm.
Esponja.
Cola de contacto.

# saico

## materiales

Tabla de aglomerado hidrófugo.
Tuercas, arandelas y tornillos.
Plantilla.
Azulejos de colores.
Tinte colorante.
Guantes de goma.
Mortero tapajuntas.

# MESA
## *mosaico*

**1** Realizar un mosaico sobre una mesa es muy sencillo, cualquier superficie puede ser válida.

Nosotros hemos escogido un tablero hidrófugo melaminado que, después de transformarlo, colocaremos sobre un pie de mesa reciclado.

El primer paso consistirá en preparar una plantilla que centraremos sobre la mesa. El diseño, por supuesto, lo realizaremos nosotros mismos.

**2** Antes de empezar con el trabajo de creación del mosaico tendremos que preparar los azulejos. Buscaremos baldosas o azulejos viejos, que romperemos en trozos de tamaño regular.

También prepararemos el tablero sobre el que trabajaremos. En nuestro caso se trata de un aglomerado hidrófugo (reconocible por los estratos de viruta de color verde).

Si la mesa va sujeta a las patas por un sistema de tornillos o tirafondos, este será el momento de perforar la tabla y sujetarla, ya que más tarde la superficie superior estará cubierta por el mosaico.

**3** La parte creativa comienza con la presentación de la plantilla sobre la mesa, aunque también podremos saltar este paso e improvisar el dibujo.

En función de la superficie sobre la que trabajemos emplearemos una u otra cola o cemento.

Pegaremos los trozos de azulejo haciéndolos casar, procuraremos dejar una rendija de 3 o 4 mm, evitando que este espacio sea mayor.

**4** El paso siguiente consistirá en recubrir el vacío entre trozos de azulejo con masa tapajuntas coloreada.

Sin embargo, antes tendremos que limitar el borde de la mesa, colocando una llanta decorativa que evitará el desbordamiento del cemento.

Este tipo de pletina es muy maleable y la colocaremos empleando una cola de contacto y tirafondeándola a continuación.

Por supuesto, la llanta será al menos 1 cm más ancha que la mesa, de tal forma que al rellenar la mesa con el tapajuntas quede a nivel con la superficie de los azulejos.

**5** La mezcla de la masa tapajuntas con agua varía en función del fabricante, por ello nos ceñiremos a lo indicado en el envase.

Lo que sí quedará a nuestra elección es el color con el que teñiremos la masa. Los contrastes e intensidad de los tintes los escogeremos en base al diseño realizado.

Aplicaremos la masa teñida con una espátula ancha, vertiendo en abundancia hasta que todos los espacios intermedios entre los azulejos y el interior de la pletina del borde queden perfectamente recubiertos.

**7** El acabado será perfecto cuando pasemos una esponja humedecida y limpiemos perfectamente el mosaico.

De este modo también conseguiremos igualar a la perfección toda la masa.

**6** Tendremos que esperar hasta que la pasta seque lo suficiente para no manchar. Procederemos entonces a retirar el exceso de cemento que cubre los azulejos, descubriendo de este modo el diseño inicial. Para realizar esta operación bastará con frotar con un guante fuerte. El cemento se desprenderá fácilmente ya que no prende sobre la superficie esmaltada del azulejo.

# Juntas metálicas para suelos

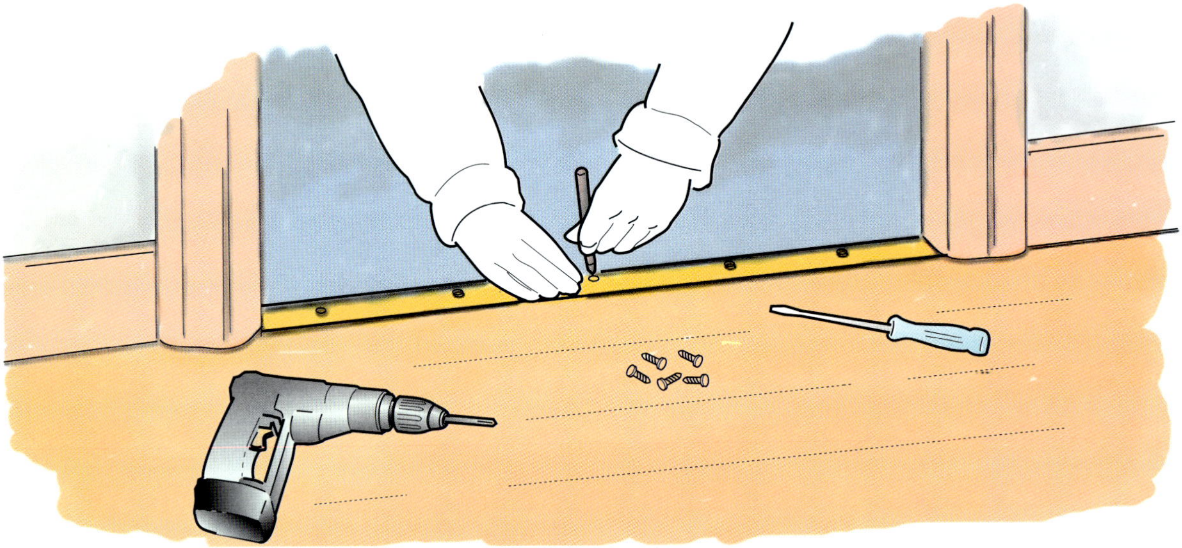

TRUCOS

**JARDINERÍA**

¿Cuánta agua necesitan las plantas?
Si la parte inferior de los tallos está oscura, es que nos hemos excedido en el riego. Si se han secado las puntas de las hojas significa que necesitan riegos más frecuentes.
Al regar las plantas, y pasada media hora, retiraremos el agua sobrante que quede en los platillos. Así impediremos que las raíces se pudran.

Salvo que tengamos un mismo tipo de revestimiento en el suelo de toda la casa, convendrá prestar atención a la continuidad estética de la superficie.

Instalando llantas o pletinas tapajuntas se evitarán problemas de suciedad, así como posibles tropezones, consiguiendo mejorar el aspecto de nuestros suelos.

Las llantas tapajuntas más adecuadas son las metálicas, de acero inoxidable o de otros metales. Escogeremos la forma o el diseño en función de la decoración de nuestro hogar.

Estas pletinas son de medidas estándar y vienen provistas de tacos y tirafondos para su fijación al suelo.

Colocaremos el tapajuntas sobre la línea de case de los dos revestimientos. Marcaremos la medida y cortaremos con una sierra de arco para metales, ajustándonos a la longitud deseada. También marcaremos los puntos donde irán los tirafondos. Utilizaremos el taladro para perforar el orificio donde insertaremos los tacos. Con los tirafondos ceñiremos fuertemente el perfil metálico contra los revestimientos, montándolo a medias sobre uno y otro.

Además de las llantas autoadhesivas, existen otros modelos que presentan bordes o cantos con distintos ángulos de inclinación para nivelar dos pavimentos de distinta altura.

# Enrolladores de mangueras

Para una correcta conservación de las mangueras es necesario enrollarlas y colgarlas adecuadamente. De otro modo la humedad del suelo y el aplastamiento producido por el paso de automóviles y personas termina por deteriorarlas.

Nosotros vamos a aprovechar una vieja llanta de coche, que fijaremos sobre la pared y que servirá para recoger la manguera.

Lavaremos bien la llanta y eliminaremos el óxido con un cepillo o lija fuerte.

Aplicamos dos capas de pintura antioxidante.

Para una sujeción fuerte y duradera utilizaremos dos varillas roscadas y dos tacos metálicos de expansión.

Colocaremos los tacos en la pared de forma que las varillas coincidan con los orificios originales de la llanta.

Introducimos el taco y fijamos un tornillo para que el taco se abra afianzándose en la pared.

A continuación, retiramos el tornillo y lo sustituimos por la varilla roscada.

Procedemos del mismo modo para ajustar la segunda varilla, colgamos la llanta y enroscamos las tuercas de sujeción con las arandelas correspondientes.

Sólo nos queda enrollar la manguera en el nuevo soporte.

T R U C O S

**MANTENIMIENTO Y LIMPIEZA**

Manchas negras en los espejos: quedarán perfectamente disimuladas pegando por detrás un trocito de papel de aluminio o dándole un toque de pintura plateada en la zona afectada.

T R U C O S

**PINTURA**

El mejor colador para la pintura es una vieja media de nailon. Colocarla sobre un bote vacío y dejar caer la pintura.

# BIOMBO

*Sencillo, funcional y muy decorativo, el biombo es un objeto incorporado en el siglo XVIII a Occidente procedente de la sabia tradición oriental. Divide, oculta y, por su propio carácter ornamental, crea ambientes. Existen modelos y diseños para todos los gustos, pero nosotros nos dejaremos guiar por nuestro espíritu bricolador... Una creación perfecta para casa o para obsequiar...*

## herramientas

Martillo.
Taladro con brocas de 4 y 8 mm.
Tope de broca.
Formón de 25 mm.
Brochas.
Lija.
Sierra de calar.

## materiales

6 listones de 160 cm x 4 cm x 2,5 cm.
6 listones de 42 cm x 4 cm x 2,5 cm.
6 varillas de latón.
Tornillos de cabeza *allen*.
Cola para madera.
Barniz y tinte
Tubillones.
Tela.
Llave *allen*.
Bisagras de biombo.
Tirafondos.

# BIOMBO

**1** El biombo que vamos a construir está constituido por 3 bastidores idénticos que ensamblaremos por separado.

Con 4 listones, 2 verticales y 2 horizontales montados a modo de rectángulo, daremos forma a los batientes o bastidores.

Es importante que los listones estén perfectamente escuadrados en los topes (extremos) para que casen bien en ángulo recto unos con otros.

Lo primero será presentar las piezas sobre la mesa de trabajo para marcar con precisión el punto donde irán alojados los tornillos de ensamblaje de cabeza *allen*.

**2** Los listones horizontales irán ensamblados a tope, a 5 cm del borde superior e inferior, por lo que tendremos que perforar los verticales con agujeros pasantes (véase la plantilla). El orificio de ensamble traspasará los montantes y abrirá un agujero guía en los largueros.

Para disimular perfectamente la unión avellanaremos el comienzo del agujero de los montantes; de este modo, los tornillos de cabeza *allen* quedarán perfectamente empotrados.

**3** Los tornillos de ensamblaje *allen* son perfectos para este tipo de trabajos, pero también cuando trabajemos con tablero aglomerado.

Encolaremos las superficies en contacto e introduciremos los tornillos hasta que desaparezcan en el agujero avellanado.

A continuación, taponaremos los avellanados con tubillones encolados del mismo diámetro que el agujero de ensanche. Cuando seque la cola bastará con cortar a ras la parte de clavija que sobrepase.

**4** Antes de recoger el taladro, y empleando de nuevo el tope de broca, realizaremos los agujeros ciegos donde irán alojadas las varillas que sujetarán las telas. Estos agujeros los situaremos a 4 cm de los largueros del bastidor y un lado será más profundo que el otro, de tal forma que podamos insertar la varilla, introduciéndola primero en el lado profundo y a continuación en el segundo.

Los 3 bastidores quedarán acabados con el redondeo de las partes superior e inferior de los listones. Dibujaremos una curva en los extremos ayudados por un rollo de cinta o base de botellín, y cortaremos el tope con la sierra de calar. Para terminar, un lijado general eliminará rebabas y aristas cortantes.

**5** El último paso de ensamblaje consistirá en la colocación de las bisagras. Se trata de mecanismos empotrados, por lo que nos veremos en la necesidad de efectuar un rebajo con el formón.

Primeramente presentaremos la bisagra y con un lápiz marcaremos claramente la posición.

Con una gubia bien afilada, y la parte biselada hacia el interior, marcaremos el corte del contorno a unos 5 mm de profundidad.

A continuación, marcaremos cortes perpendiculares a la veta cada 5 mm para vaciar con más facilidad el rebajo.

Trabajaremos colocando el formón con la parte biselada abajo.

El atornillado de las bisagras no conlleva problema, aunque abrir un agujero guía con punzón o broca fina nos ayudará para no errar el punto de penetración.

Para unir un bastidor a otro por medio de la bisagra los iremos presentando uno tras otro, a medida que colocamos los mecanismos. Será necesario situarlos en la posición cerrada del batiente y marcar así la ubicación exacta de la bisagra.

**6** Con los 3 bastidores montados y unidos ya podemos teñir y dar el barniz a la madera. El tinte puede rebajarse con el correspondiente diluyente e intensificaremos el color aplicando manos sucesivas.

Para terminar daremos una última capa de barniz protector.

**7** Sólo nos queda introducir la tela en las varillas cortadas a algo más que la medida del ancho interior del bastidor.

**8** Para colocar las varillas en su lugar introduciremos primero un lado y, torciendo ligeramente la varilla (con cuidado de no deformarla), llevaremos el otro extremo a su alojamiento.

## *EL MATERIAL*

| Pos. | Núm. | Denominación | Dimensiones |
|---|---|---|---|
| **1** | 6 | Madera de pino | 160 x 4 x 2,5 cm |
| **2** | 6 | Madera de pino | 42 x 4 x 2,5 cm |
| **3** | 6 | Varillas de latón | ∅ 1 x 42 cm |
| **4** | 24 | Tornillos de cabeza *allen* | ∅ 7 mm |
| **5** | 24 | Tubillón | ∅ 8 mm |
| **6** | 3 | Tela | 134 x 40 cm |
| **7** | 4 | Bisagras de biombo | Estándar |

# Plantilla

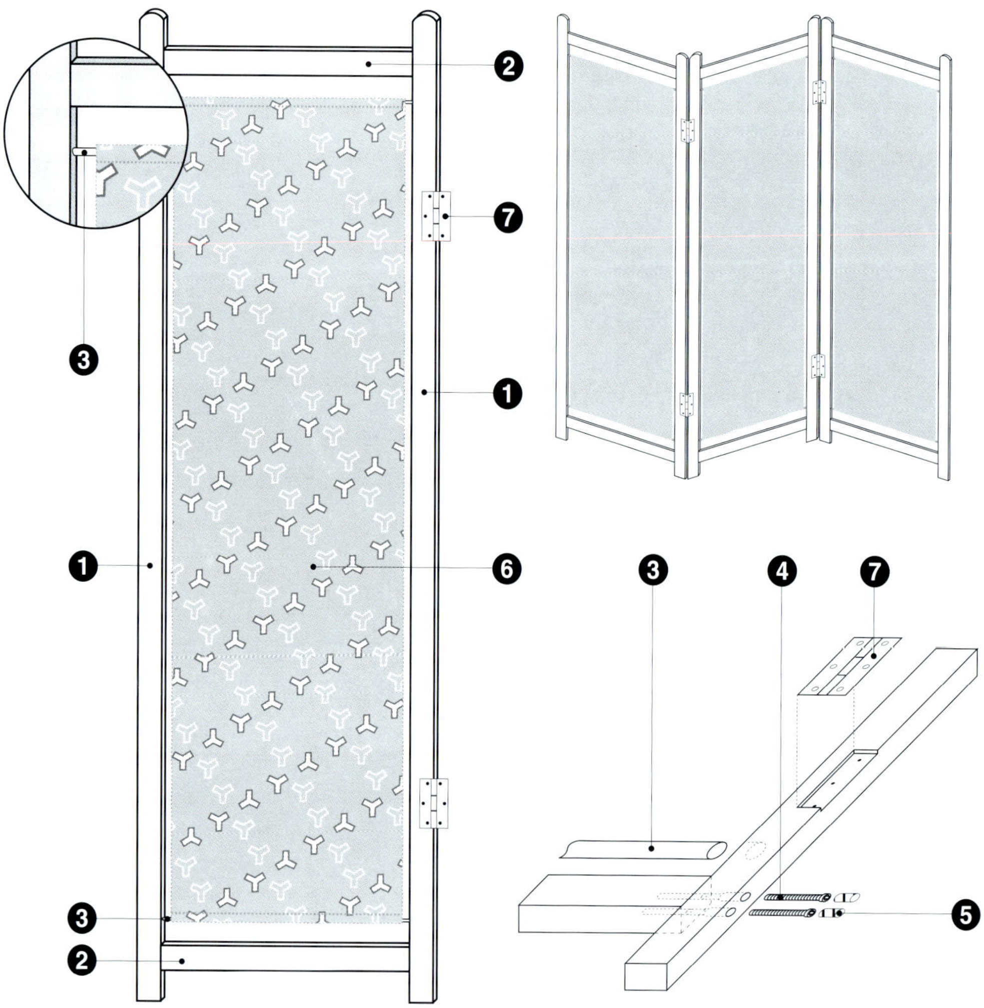

# Cambio de grifo por monomando

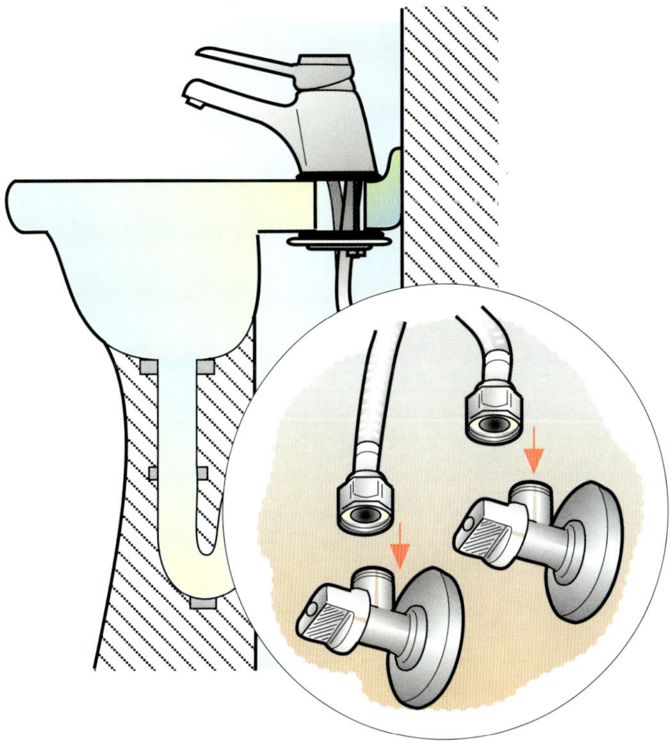

El grupo monomando, como su propio nombre indica, es un mecanismo con una llave de agua que regula la presión y temperatura del chorro con una sola manija.

La colocación de este tipo de regulador es muy sencilla.

Lo primero es proceder a cerrar el paso del agua.

Desmontaremos el grifo que sustituiremos aflojando las tuercas y virolas de retención con una llave fija.

Retiraremos el grifo y los tubos que lo conectan a la cañería procedente de la pared.

Colocaremos el nuevo mecanismo unido a los dos tubos flexibles, en el orificio del lavabo, sin olvidarnos de colocar antes la junta de goma (habitualmente es blanca) que va entre la grifería y la piedra del lavabo.

El mecanismo, además de los dos tubos que lo abastecen de agua caliente y fría, lleva una tija roscada que coincide con una arandela en forma de media luna agujereada.

Colocaremos la junta inferior de goma (suele ser negra) y a continuación la arandela en forma de media luna.

Para la sujeción encontraremos una tuerca alargada de la misma sección que la tija. La enroscamos y apretamos.

Sólo nos queda unir los tubos flexibles a las llaves de agua caliente y fría situadas contra la pared.

T R U C O S

**MANTENIMIENTO Y LIMPIEZA**

Las velas tardarán más tiempo en consumirse si antes de encenderlas las tenemos unas horas en la nevera. Si esparcimos un poco de sal fina alrededor de la llama, se impedirá que la cera se funda con tanta rapidez y conseguiremos el mismo efecto. Para evitar que las velas goteen, las dejaremos unas horas en remojo en agua salada.

# PLATO

## *de re*

*Todos y todas vivimos esclavos del tiempo...*
*Un tópico que nos servirá para personalizar*
*el aspecto del dueño y señor del tiempo: el reloj...*
*Con una pequeña dosis de imaginación*
*alegraremos cada minuto del día con un curioso*
*reloj de diseño propio...*

## herramientas

Taladro y 2 brocas de *widia* de 5 y 10 mm de diámetro.
Paletinas y pincel.

# loj

## materiales

Plato.
Hoja de papel.
Lápiz.
2 tonos de pintura acrílica.
Betún de Judea.
Imprimación selladora.
Cromos.
Mecanismo de reloj y números.

# PLATO
*de reloj*

**1** Una tapa de libro, un sombrero o un tablero de madera... Cualquier soporte puede valer para el fondo del reloj. Nosotros hemos echado mano de un simple plato que decoraremos.

Lo primero, en nuestro caso, será encontrar el centro del plato.

Sobre un folio de papel marcaremos la circunferencia del fondo del plato presionando con un lápiz. Recortaremos el círculo y lo doblaremos en cuatro, haciendo casar las partes curvas.

Si colocamos este triángulo de base curva sobre el plato (la curva coincide, por supuesto), la punta nos indicará el centro de la circunferencia.

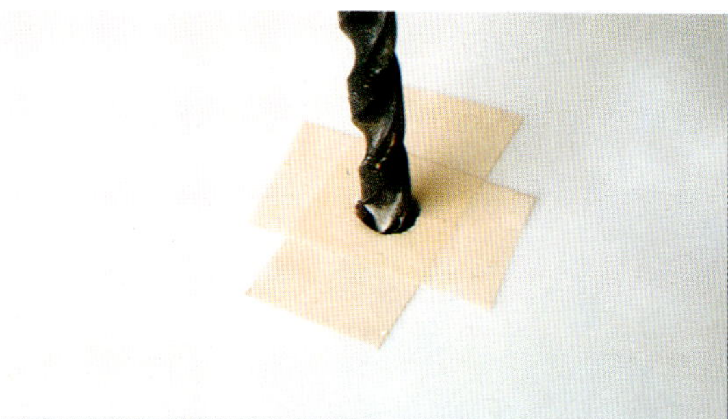

**2** Sobre el punto indicado habremos pegado 2 trozos de cinta de carrocero que impedirán que la broca de *widia*, la más fina, se deslice sobre el esmalte.

También podremos picar con un clavo o punzón, propinando un suave golpe seco, el punto de perforación.

Colocaremos el taladro en posición de giro, sin percusión, y abriremos el agujero guía. A continuación, realizaremos el orificio definitivo con una broca lo suficientemente gruesa para que por el agujero podamos introducir el eje de las agujas del reloj.

**3** La base está lista y sólo nos queda decorar el reloj.

Limpiaremos el plato de polvo y grasa de forma que la pintura se adhiera a la perfección.

Daremos un color de base con un primer color de esmalte acrílico.

**4** Escogiendo los colores que más nos gusten también podremos perfilar el contorno y fondo del plato con un tono de contraste.

Este tipo de trabajo se presta a las mil maravillas para experimentar con técnicas decorativas como el estarcido, esponjado o trapeado, que incluso podremos combinar para conseguir diseños originales.

**5** Para realzar los relieves del plato y dar un aspecto envejecido al trabajo, utilizaremos betún de Judea.

Aplicaremos la pátina con un trapo que no desprenda pelusa, dejándolo secar durante unos minutos y frotando a continuación con un trapo limpio. De este modo, la pátina quedará en las rendijas del relieve y retiraremos el exceso de betún.

Cuanto más dejemos secar el betún de Judea más difícil se hará retirarlo y tanto más oscura quedará la veladura.

**6** Otro recurso que abre un sinfín de posibilidades es el encolado de cromos, motivos o incluso objetos.

Los cromos que pegaremos sobre el plato van recubiertos de una imprimación selladora transparente que, además de pegar, protege la superficie del papel. Con cola blanca y un barniz protector hubiésemos conseguido el mismo efecto.

**7** A estas alturas del proceso, ya va siendo hora de colocar el reloj...

El mecanismo irá en la parte trasera y el eje que acciona las agujas pasará a través del orificio central que hemos perforado.

En la parte frontal fijaremos el mecanismo por medio de una tuerca que viene a enroscarse al propio eje.

**8** Colocado el mecanismo, insertaremos las agujas posicionándolas en la vertical, a las 12 en punto.

Girando la aguja larga, el propio mecanismo nos dará la posición exacta de las doce horas del cuadrante. En estos puntos pegaremos los números correspondientes.

Antes de colgar el reloj, no olvidaremos colocar la pila, ¡no sea que el tiempo se detenga!

# Taladrar sin ensuciar

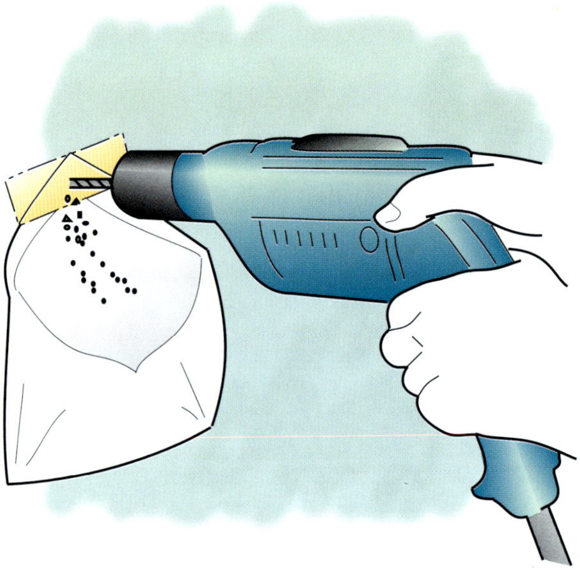

T R U C O S

**ACABAR CON LAS MANCHAS DE...**

CERA

Eliminar la mayor parte de la cera haciendo un suave masaje con las manos. La cera se irá calentando y formará bolitas muy fáciles de quitar.

Si quedan restos, los eliminaremos poniendo encima un trozo de tela o un pañuelo de papel y pasando la plancha caliente.

Repetir la operación varias veces, usando cada vez un trozo de tela limpio o un pañuelo de papel nuevo que absorberá por completo la cera derretida.

Al taladrar, caerá inevitablemente polvo del material que estemos perforando... Sin embargo, existen unos cuantos truquillos para remediar este inconveniente.

Hallaremos en el mercado varios accesorios y elementos diseñados para hacer que la operación de taladrar sea mucho más limpia.

Es de señalar un dispositivo que se adapta a la aspiradora convencional y que absorberá el polvo resultante de cada trabajo.

Un truco para perforar sin ensuciarnos es hacer un agujero en la base de un vaso de plástico o un envase de yogur (que tendremos que recortar un poco) y taladrar introduciendo la broca por este orificio, colocando el borde del vaso contra la pared. El polvo resultante quedará en el interior del vaso.

Podéis hacer lo mismo con media pelota de tenis y así podréis reutilizarla.

Otra opción es colocar un sobre para cartas pegado a la pared con cinta adhesiva debajo del lugar donde perforemos. El polvo extraído de la pared caerá en su interior.

No es saludable aspirar polvo, o que se nos meta en los ojos, por ello, cuando taladremos (o utilicemos herramientas eléctricas que producen polvo o serrín), serán necesarias unas gafas protectoras y una mascarilla filtrante.

# Cambio de lámpara de coche

Circular con una luz del vehículo fundida no tiene excusa: la caja de bombillas de repuesto del coche o moto es obligatoria.
En ella encontraremos la lámpara que necesitamos para el cambio.
Abriremos el capó del coche para acceder a los focos por su parte posterior.
Lo primero que tenemos que hacer es quitar el capuchón de goma que protege la lámpara.
Después, soltamos el casquillo portacables o de conexión.
Presionando con fuerza la pestaña metálica conseguiremos extraer la lámpara fundida.
Introduciremos la nueva lámpara y colocaremos de nuevo la pestaña y la conexión.
Ajustamos la carcasa... ¡No ha resultado tan complicado circular de nuevo sin peligro!

T R U C O S

**MANTENIMIENTO Y LIMPIEZA**

Los arañazos en la madera pueden eliminarse casi por completo aplicando una masa hecha con una mezcla de aceite de oliva y pasta de dientes. También desaparecerán aplicando sobre ellos un poco de cera en pasta. Si las marcas son muy profundas, lijaremos primero muy suavemente y después pasaremos cera virgen calentada al baño María, siempre aplicando en el sentido de las vetas de la madera.

T R U C O S

**PINTURA**

Para guardar las brochas y rodillos durante un corto período de tiempo, los meteremos en una bolsa de plástico cerrada lo más herméticamente posible. La pintura se mantendrá fresca y la brocha o el rodillo no se secará.

# MESA

da

*Seguro que en un rincón de vuestra casa guardáis una vieja mesa o mesilla a la que no conseguís darle utilidad...*
*Tal vez sea esta la ocasión de recuperarla o de cambiar el aspecto de la mesilla del salón...*
*Os proponemos un trabajo de inicio a la marquetería para decorar con un damero una mesa de vuestro hogar.*

## herramientas

Lijadora delta.
Escuadra.
Espátula.
Brocha.
Tijeras.
Cúter.

# *mero*

## materiales

1 pieza de *okume* de 4 mm de 50 x 50 cm.
4 chapas de madera para marquetería de distintos tipos de madera: haya, nogal, bubinga, pino teñido en negro y erable.
Cinta de carrocero.
Barniz.
Cola de contacto.

# MESA
## *damero*

**1** El primer paso para confeccionar esta mesa damero será preparar la plantilla con el cuadriculado sobre el que iremos pegando las casillas o escaques.

Buscaremos el centro de la chapa de *okume* o damero (trazando una diagonal) y a partir de este punto marcaremos las líneas hasta completar el tramado de 8 por 8 casillas.

**2** En función de la medida de los escaques, iremos cortando los cuadrados de chapa de madera de haya para los casilleros blancos, y de madera de nogal para los negros.

Para el corte, trabajaremos sobre una tabla y echaremos mano de la escuadra con el fin de realizar cuadrados perfectos. El cúter tiene que estar bien afilado con el fin de evitar que la chapa astille, sobre todo en el corte contra veta. Obtendremos un mejor deslizamiento de la cuchilla y una incisión más limpia si mojamos el filo con agua fría.

**3** Para pegar los escaques aplicaremos cola de contacto sobre las 2 superficies. La cola de contacto tiene que secar lo suficiente antes de adherir las piezas: aproximadamente 10 o 15 minutos. El adhesivo estará listo cuando veamos que aparentemente no pega al contacto del dedo.

La colocación de los escaques tendrá que ser precisa y sin titubeos, ya que este tipo de adhesivo pega rápido y deja poco margen a rectificaciones posteriores.

Para afianzar la pieza encolada presionaremos fuertemente con un taco de madera bien lijado (para que no arañe la chapa).

**4** Una vez seca la cola, colocaremos el margen o marco, constituido por 3 chapas de distintas maderas.

Concretamente, formaremos una franja hecha de una tira fina de madera de pino tintada en negro, una tira un poco más ancha de madera de erable y una última de madera de bubinga.

La franja tendrá que ser más larga que el tablero de *okume* y las tiras de madera irán perfectamente ajustadas para que entre una y otra no quede ninguna rendija.

**5** Colocaremos esta cenefa enmarcando provisionalmente el tablero. Sujetaremos la banda con cinta de carrocero, situándola en su lugar exacto, y cortaremos las franjas superpuestas en inglete. Para ello, utilizaremos la regla tirando la línea desde el ángulo de la chapa de *okume* hasta el vértice del tablero.

Practicaremos una incisión profunda y limpia, que corte las dos cenefas que se cruzan en ese punto.

A continuación, retiraremos las caídas y sujetaremos el case en inglete con cinta de carrocero. Repetiremos esta operación en los otros 3 ángulos.

Para pegar el borde o marco que hemos confeccionado al tablero procederemos como con los escaques. Bastará con retirar, encolar y volver a pegar el marco en una sola pieza unida con cinta de carrocero en los ingletes.

**6** Por supuesto, volveremos a presionar con el taco de madera para que la chapa se una perfectamente al *okume*.

Antes de dar el acabado definitivo lijaremos toda la superficie con una lija de grano muy fino.

Limpiaremos cuidadosamente de polvo toda la superficie antes de aplicar el barniz.

**7** Para el barnizado hemos escogido un recubrimiento satinado. Aplicaremos con un pincel muy suave, procurando no dejar el trazo de las cerdas. Podremos aplicar una segunda mano lijando suavemente la primera capa, asegurándonos siempre de que la superficie está perfectamente limpia. Tendremos especial cuidado con las cerdas de la brocha, que a menudo tienden a caer afeando mucho el trabajo.

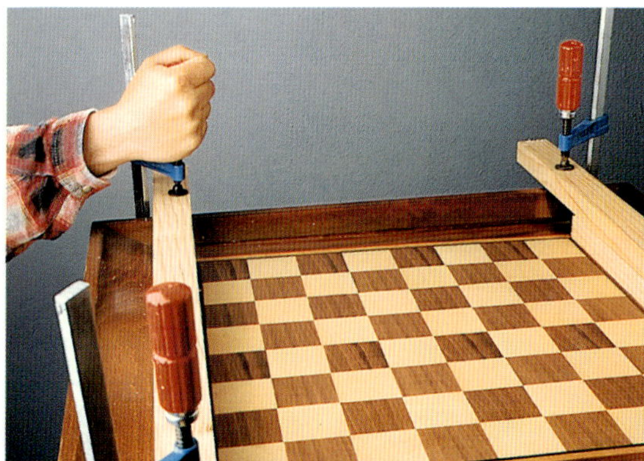

**8** El último, pero no por ello menos importante, paso es pegar el damero a la mesa.

Si hemos tomado las medidas correctamente la plancha casará a la perfección y con la misma cola de contacto podremos adherirla a su nuevo soporte.

Protegeremos la superficie del damero con un cartón y varios listones antes de colocar las mordazas o sargentos, que presionarán el tablero contra la superficie de la mesa.

# Las moquetas

T R U C O S

**PINTURA**

Las cerdas de la brocha no cogerán vicio al secarse si las colgamos del mango y las mantenemos cerradas con una goma o banda elástica.

El tipo de moqueta que escojamos para una estancia tendrá que ir en consonancia con la funcionalidad.

A grandes rasgos, existe una relación entre el *confort* y la resistencia de la moqueta.

Las de material sintético son más resistentes que las de fibras naturales; sin embargo, pierden en comodidad y a veces en elegancia.

Las moquetas acrílicas son resistentes al desgaste, pues son de un material sufrido y duradero. Resultan idóneas para pasillos y despachos.

La elevada proporción de poliamida las hace más fuertes, pero «plastifica» la textura.

Estos tejidos sintéticos no absorben la humedad, por lo que se cargan de electricidad estática y atraen gran cantidad de polvo.

Las fibras poliacrílicas tienen cierto parecido con la lana, aunque son menos resistentes que la poliamida.

El poliéster es también muy fuerte y posee un brillo sedoso. Se emplea para moquetas de terciopelo.

Entre los tejidos naturales el criterio debe ser el uso y no la durabilidad.

Lo más habitual es la lana o el algodón; son antiestáticos y muy agradables al tacto.

Materiales aparte, tendremos en cuenta la confección (el tipo de trenzado y bucle) y el acabado.

No dudaremos en dejarnos guiar por un profesional de confianza.

# El trapeado

El trapeado consiste en algo muy sencillo: aplicar la pintura mediante un trapo.

Usaremos dos tonos de pintura plástica.

Diluiremos el color más suave en un diez por ciento de agua aproximadamente.

Dejaremos un tiempo de secado de tres horas.

Para el trapeado necesitaremos una gamuza de tamaño mediano de fácil manejo.

La impregnamos en el tono más fuerte de los dos escogidos para el trabajo.

Con una brocha mediana pintaremos los ángulos de las paredes y techo.

A continuación, y con la misma pintura plástica, daremos dos manos a las paredes empleando un rodillo de lana de unos veintidós centímetros, que humedeceremos previamente para que la pintura impregne mejor.

Antes de pasar a la pared, escurriremos bien el trapo y lo retorceremos. Probaremos el efecto sobre un papel de periódico hasta conseguir dejar una huella producida por la impresión del trapo que rueda sobre la superficie.

Ya en la pared, damos pequeños giros irregulares, siempre en distintas direcciones, hasta cubrir toda la superficie, evitando que los dedos toquen la pared.

Si queda algún claro, lo cubriremos repasando con un suave toque sobre la zona.

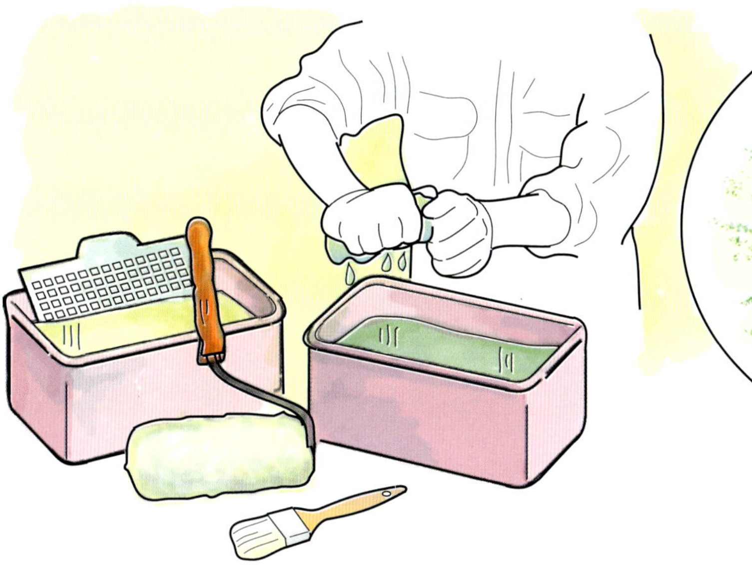

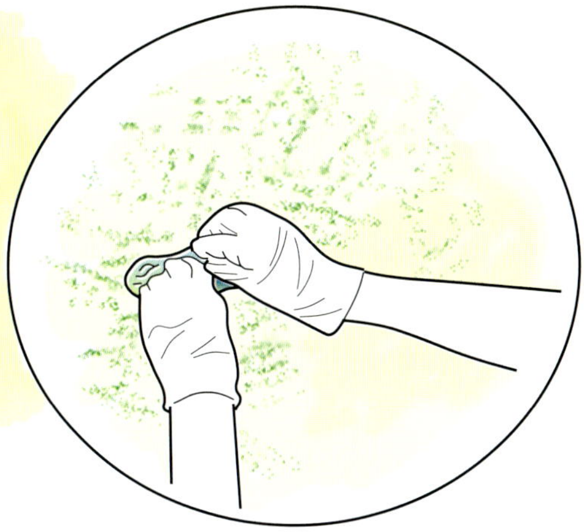

TRUCOS

**PINTURA**

La mejor forma de pintar a brocha es aplicar la primera mano con pinceladas horizontales y la segunda en sentido vertical, terminando el recorrido con el movimiento ascendente.

# PANTALL
## de lá

*Ciertos elementos de nuestro hogar resultan muy decorativos, llamativos y fáciles de combinar con el entorno.*
*Sin duda, es el caso de las pantallas de lámpara que, además, con un poco de imaginación brillarán con luz propia... ¡Nunca mejor dicho!...*
*Las posibilidades decorativas son casi ilimitadas: se pueden utilizar fotocopias, fibras naturales, composiciones de hojas o botones, o, como en nuestro caso, una simple tela.*

# A

# mpara

## herramientas

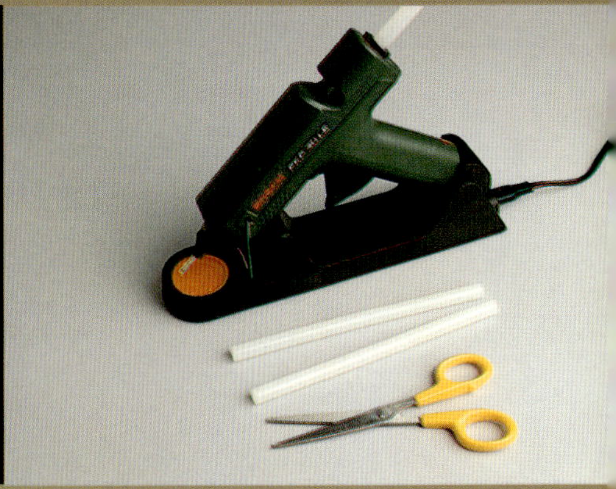

Pistola de cola y barras de cola.
Tijeras.

## materiales

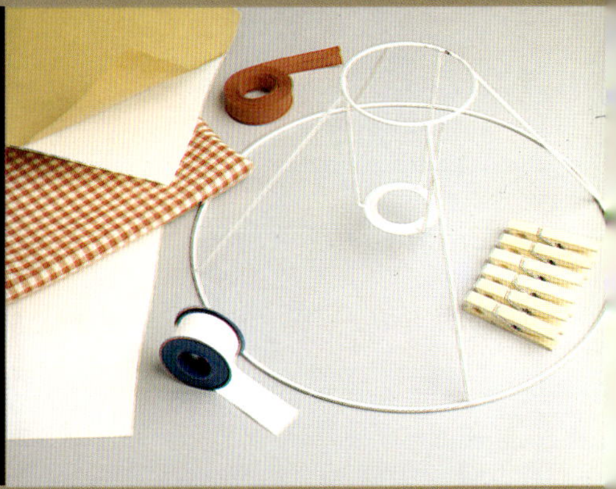

Estructura o armazón metálico.
Pinzas de colgar la ropa.
Plástico adhesivo especial para lámparas.
Cartulina para la plantilla.
Tela.
Esparadrapo.
Cinta pasamanos.

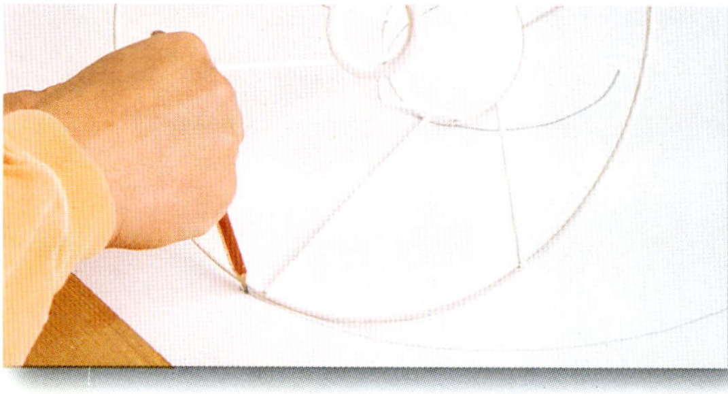

**1** Para acertar en el diseño de la pantalla tendremos en cuenta, cómo no, la estética del pie de lámpara, pero también el entorno en el que brillará.

Hallaremos armazones de distintos tamaños y formas, por lo que será necesario adecuar la plantilla a esta estructura metálica.

Sobre una cartulina o papel colocaremos el armazón de costado, de forma que los 2 aros estén en contacto con el papel.

Partiendo del centro de la cartulina, haremos rodar el armazón sobre los 2 aros simultáneamente y marcaremos con un lápiz el recorrido de estas dos ruedas, primero hacia la izquierda, luego hacia la derecha, hasta cubrir toda la circunferencia.

El resultado será una figura similar a media rosquilla... ¡Grande por supuesto!

**2** Antes de cortar la tela prepararemos el soporte, en este caso un plástico autoadhesivo especial para lámparas.

Verificaremos que las medidas del retal y del plástico son lo suficientemente grandes para la plantilla preparada. A continuación, retiraremos el film protector del plástico con el fin de unirlo pegándolo a la tela. Obtendremos una tela doblada del plástico que irá en la parte interior de la pantalla. De este modo evitaremos que las fibras se ennegrezcan por el calor de la bombilla.

Trasladamos el dibujo de la plantilla a la tela y cortamos.

**3** Es conveniente agrandar medio centímetro a cada lado de la plantilla de modo que, cuando coloquemos el plástico, sobrepase ligeramente los límites del armazón.

También preveremos, antes del corte, la posición y dirección del motivo o estampado del retal, de tal modo que una vez colocado quede dispuesto a nuestro gusto.

**4** Un detalle importante es cubrir los aros del armazón metálico con esparadrapo para que, una vez colocada la pantalla, el remate, que también es de tela, se adhiera sin problema al armazón.

También podríamos solucionar este punto recurriendo a colas especiales que sirvan para los materiales empleados.

**5** Continuaremos presentando el recubrimiento de tela y plástico sobre el armazón. Lo fijaremos provisionalmente con pinzas de tender ropa y daremos cola en varios puntos para unirlo a la estructura.

**6** También pegaremos la pantalla sobre sí misma, montándola un centímetro aproximadamente.

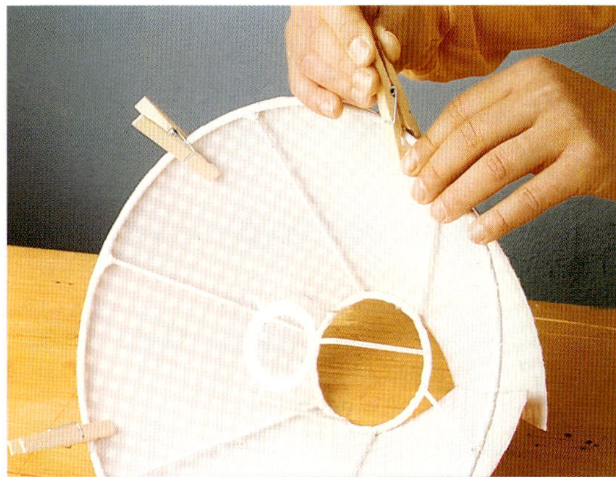

**7** Retiraremos las pinzas de sujeción y, en caso de decorar la pantalla con otros motivos, como hojas o flores secas, botones o cualquier otro detalle, este sería el momento.

**8** Para concluir pegaremos el remate de cinta pasamanos, parte (la mitad en anchura aproximadamente) sobre la pantalla y la otra mitad sobre el armazón que previamente hemos recubierto con esparadrapo.

Realizaremos esta operación en la parte superior e inferior de la pantalla.

Sólo nos queda alojar la pantalla sobre el pie y colocar el casquillo con la arandela roscada de sujeción.

# Los pelacables

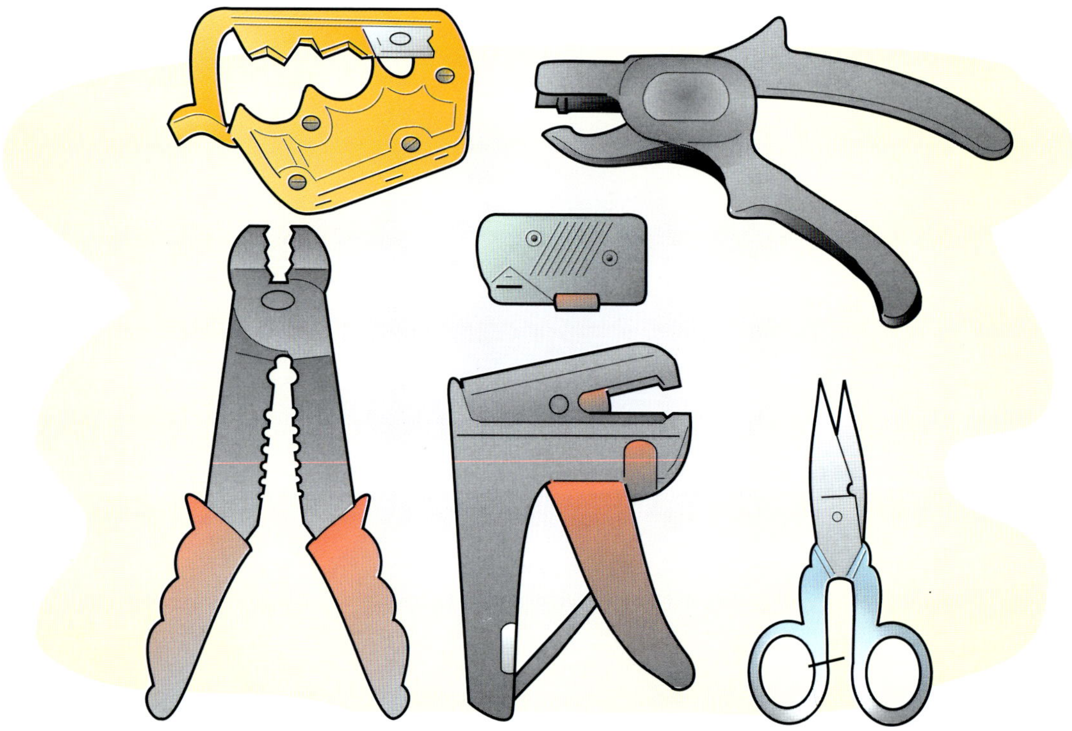

TRUCOS

**JARDINERÍA**

Para limpiar las plantas espinosas o las de hojas cubiertas de pelos (estas últimas no deben mojarse) utilizaremos una brocha que quitará el polvo. Para las plantas espinosas grandes lo mejor es meter el tiesto en una bolsa, atarla con cuidado alrededor del tallo y darles una buena ducha.

Los conductores de electricidad están protegidos por un tubo o vaina de material aislante, que es preciso eliminar en parte para conseguir una conexión correcta, eficaz y segura.

La forma más eficaz para pelar el conductor sin que sufra el más mínimo deterioro consiste en utilizar unos alicates desnudadores o pelacables. El mercado ofrece un sinfín de modelos.

El pelacables universal es una especie de alicate de anchas pletinas que terminan en unos mangos aislantes. Estas pletinas, que cierran a modo de guillotina, llevan muescas de distintos diámetros donde cortaremos el revestimiento sin seccionar el conductor.

Existen alicates de pelar que mediante una ruedecilla ajustan con precisión la separación de las bocas en función del diámetro del hilo.

La navaja de electricista consta de hojas curvas, que permiten seccionar la funda exterior y que pueden incluir en la base una muesca pelahílos. Y también están las tijeras de electricista que, además de desempeñar la función de corte, pelan cables gracias a una muesca.

# Enchufes de seguridad para niños

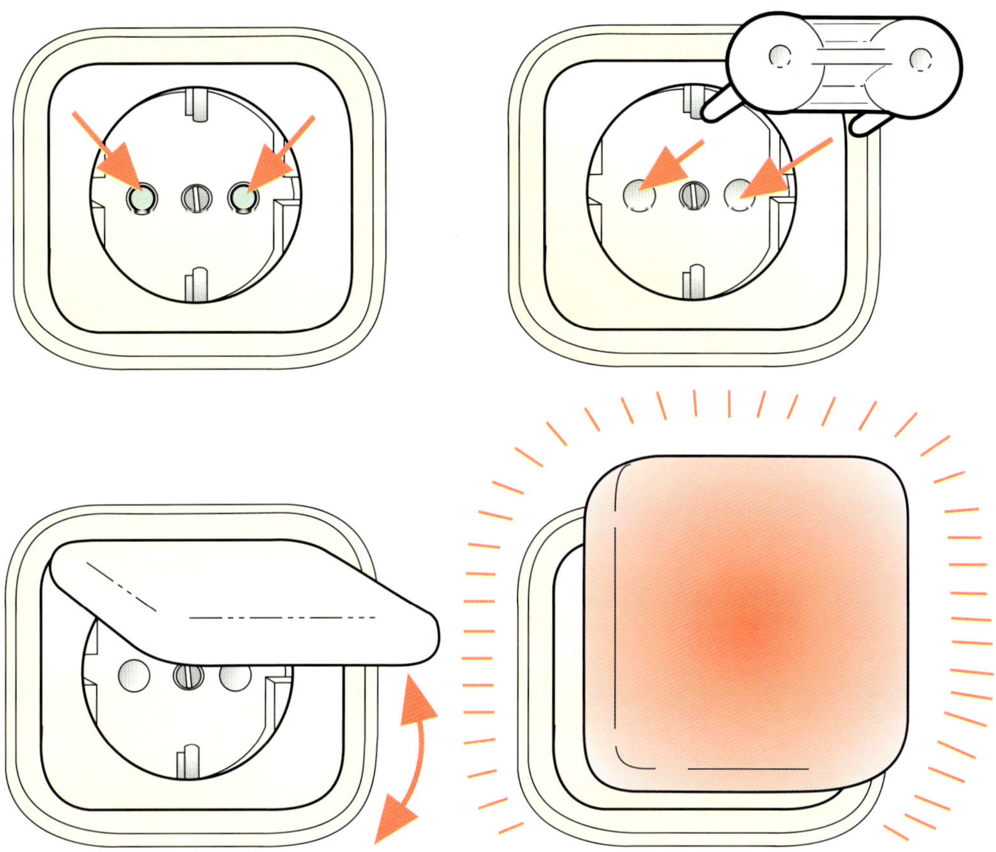

Uno de los temas más preocupantes en la seguridad del hogar es la combinación electricidad/niños.

Si sustituimos los enchufes de casa encontraremos conectores a simple vista iguales a los convencionales, pero que no lo son. Los orificios por donde se introducen las clavijas están tapados por una cortinilla, llamada alvéolo, que impide que los niños introduzcan objetos en el enchufe o toma de corriente.

La cortinilla se retirará sólo si introducimos las dos clavijas del enchufe a la vez, posibilitando así la conexión.

También existe otro tipo de dispositivos especiales provistos de una tapa de seguridad.

Pero si no queremos sustituir los antiguos enchufes por estos de seguridad, podremos colocar unas tapas protectoras que cubrirán los orificios de entrada. Es aconsejable que las tapas tengan forma achaflanada, así los dedos de los niños resbalarán sin encontrar asidero.

Otro modelo serán las tapas protectoras superpuestas, articuladas a modo de guillotina. Los orificios de conexión casan deslizando una tapa sobre otra hasta dar acceso a la toma.

# REFUGIO

*páj*

*La mayoría de los pájaros de nuestro entorno anidan de forma espontánea, a menudo en los sitios más insospechados. Construir un pequeño nidal para algunas de estas aves resultará un trabajo divertido, muy sencillo y que puede resultar muy pedagógico si hacemos participar a los niños de casa. Nosotros hemos escogido un modelo adecuado al tipo de pájaros de pequeño volumen, pero seguro que conocéis algún entendido en estos temas que os aconsejará sobre el refugio que mejor pueda acoger a las especies más necesitadas de vuestra zona...*

# de
# aros

## herramientas

Taladro.
Brocas de 30, 10 y 6 mm de diámetro.
Paletina.
Martillo.
Sierra de calar.

## materiales

Tablas de pino:
2 de 21 x 13 x 1 cm para la parte frontal y la trasera.
2 de 15 x 10 x 1 cm para el lateral.
1 de 15 x 14 x 1 cm para el tejado.
1 de 16 x 14 x 1 cm para el tejado.
1 de 11 x 10 x 1 cm para el suelo.
2 ramitas.
Pintura acrílica y barniz.
Puntas.
Cadena.

**1** El primer paso consistirá en dibujar sobre las planchas frontal y trasera la forma de la caseta con la inclinación del tejadillo.

También marcaremos la ubicación del orificio de entrada en la tabla frontal.

**2** Para cortar utilizaremos la sierra de calar.

Para esta construcción hemos escogido tablero de pino macizo, ya que el aglomerado o los tableros contrachapeados tienden a hincharse con la humedad.

**3** Para realizar un agujero lo suficientemente grande emplearemos una broca de 3 puntas o broca plana.

Colocaremos la punta central en el lugar a perforar y accionaremos el taladro a velocidad media, pero al máximo par de fuerza (según el modelo de taladro).

Antes de ensamblar las piezas las lijaremos eliminando todas las rebabas.

**4** Uniremos las piezas presentadas a tope por medio de clavos. Para no errar el canto de la tabla introduciremos las puntas a medio centímetro del borde, hasta que aflore la punta por el otro lado. Colocaremos todos los clavos del lateral de este modo. A continuación, presentaremos el canto de la pieza a ensamblar y, asegurándonos de que todas las puntas entran en madera, clavaremos hasta el fondo.

Recordaremos (véase la plantilla) que la pieza inferior, la correspondiente al «suelo» del nidal, no cubre por completo este espacio. Intencionadamente, esta pieza deja un respiradero, de forma que el nido no acumule humedad.

**5** El travesaño superior también va clavado y ha de ser lo suficientemente ancho para poder ser perforado y sujetar toda la estructura colgada de la rama.

**7** Recubriremos la casetilla con una pintura de un color acorde con la naturaleza. Escogeremos una pintura protectora, pero en ningún caso pintaremos la parte interior de la casita puesto que el recubrimiento ahuyentaría a los pajarillos.

**6** La 2 aguas de la cubierta o tejadillo van unidas por clavos y ensambladas a tope. Esta es la razón por la que una de las tablas es un centímetro más larga que la otra (el grosor de la madera). La tabla más larga va clavada sobre la otra.

Sujetaremos provisionalmente este tejadillo sobre la caja, de este modo podremos perforar el orificio que también traspasará el travesaño interior.

Más tarde, introduciremos una varilla o ramita por este agujero para poder colgar el nidal.

**8** Como último paso nos queda montar el tejadillo y sujetarlo con la ramita.

En ambos extremos de esta rama introduciremos la cadena y podremos colgar el habitáculo en cualquier árbol o balcón.

También perforaremos un agujero para colocar una ramita a la entrada del nido. Seguro que los pajarillos agradecerán este descansillo en el acceso a su nuevo hogar.

## *EL MATERIAL*

| Pos. | Núm. | Denominación | Dimensiones |
|---|---|---|---|
| **1** | 2 | Tabla de pino, grosor 10 mm (frontal y trasera) | 21 x 13 cm |
| **2** | 2 | Tabla de pino, grosor 10 mm (lateral) | 15 x 10 cm |
| **3** | 1 | Tabla de pino, grosor 10 mm (tejado) | 15 x 14 cm |
| **4** | 1 | Tabla de pino, grosor 10 mm (tejado) | 16 x 14 cm |
| **5** | 1 | Tabla de pino, grosor 10 mm (suelo) | 11 x 10 cm |
| **6** | 1 | Listón de pino (travesaño) | 2 x 2 x 10 cm |
| **7** | 1 | Tubillón | ∅ 6 mm x 8 cm |

# Plantilla

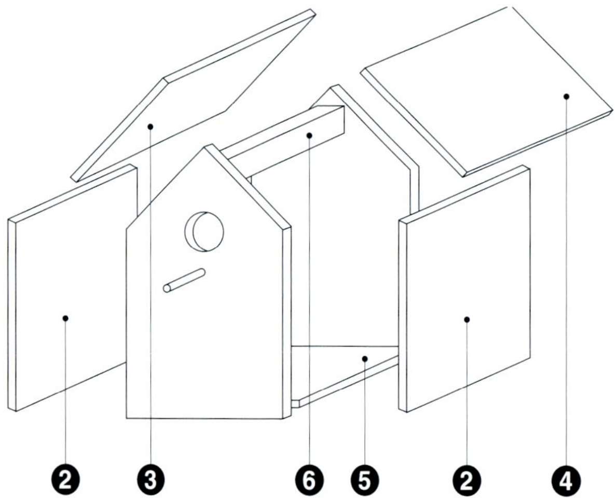


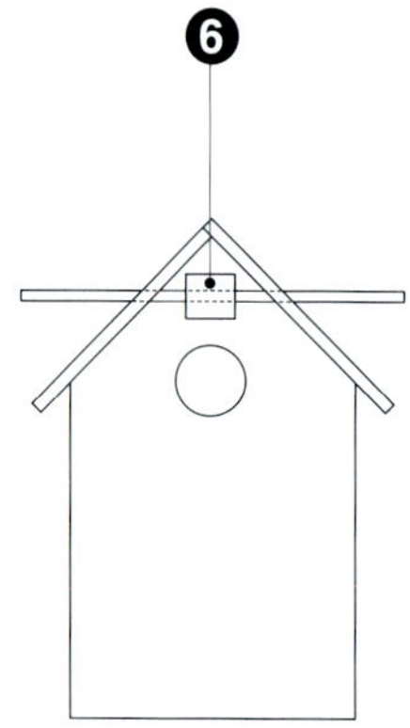


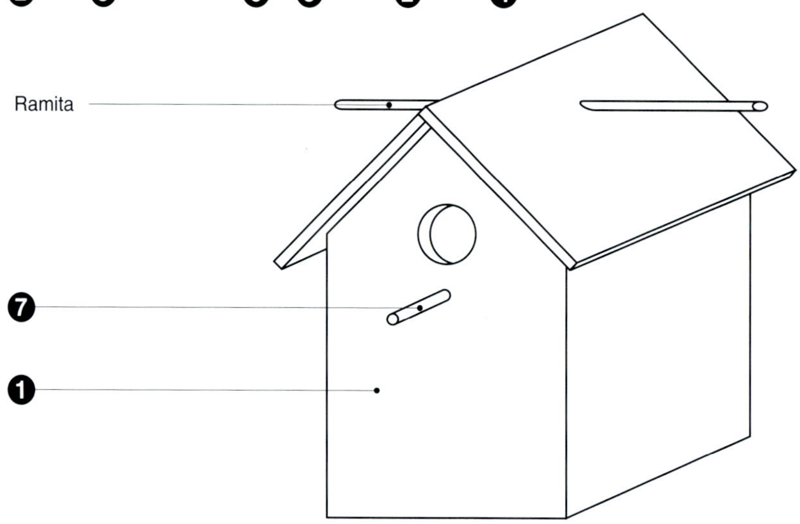

# Los martillos

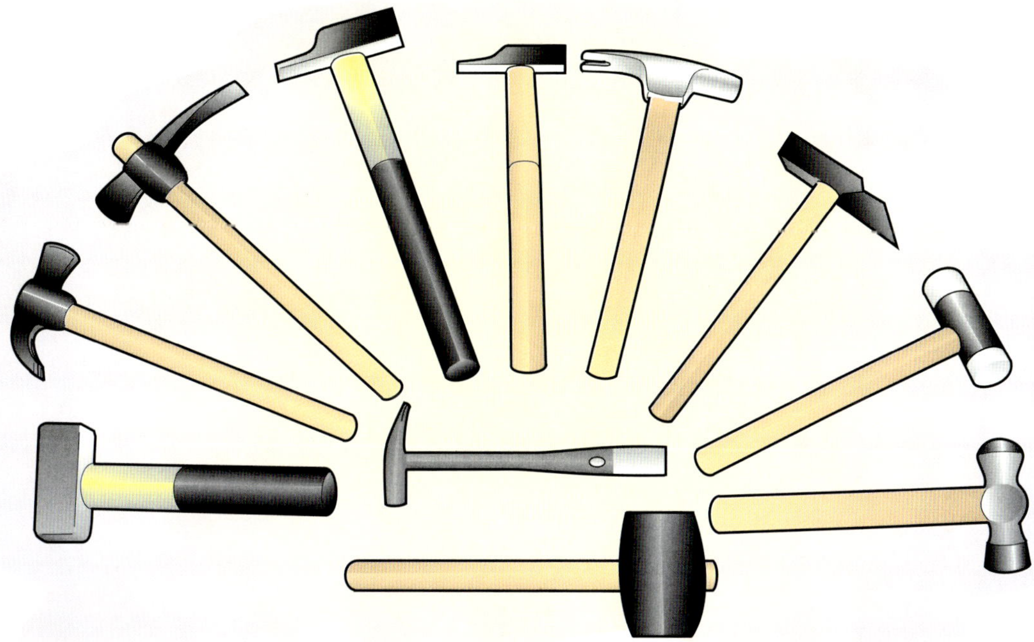

T R U C O S

**PINTURA**

Antes de emplear los útiles para pintar, y para que éstos rindan al máximo, mantendremos las brochas y rodillos durante doce horas en agua. El agua suaviza las cerdas, las hincha y aprieta contra la virola. Así, al pintar, no se desprenderán y durarán más tiempo.

El martillo es probablemente la herramienta más popular y antigua.

De los primitivos útiles para golpear objetos o superficies hemos llegado a los martillos actuales, cuya gama y especialización es muy amplia, por lo que nos ceñiremos a los más comunes y utilizados.

En un martillo se distinguen tres partes: el cotillo —la parte de atrás con la que se golpea—, la pena o peña, que es la parte delantera, y el mango o empuñadura. Clavar parece sencillo pero es toda una técnica en la que el martillo adecuado, por su forma y peso, es la clave.

El más corriente es el de carpintero, utilizado para trabajos ordinarios como clavar puntas. Tiene una cabeza con cotillo cuadrado y la peña es aguzada y de sección rectangular. Otro tipo de martillo muy común es el de orejas. Fabricado en acero forjado, tiene el cotillo en forma de tronco de cono o de pirámide y la peña es curva y hendida, en forma de «orejas», para arrancar clavos haciendo palanca.

También, mencionaremos la maza o maceta, más basta y de mucho peso y la maceta de goma, especial para ensamblar piezas sin dañarlas con el golpe.

# TUMBON

*La mejor posición para una buena tarde al sol en pleno verano es la horizontal...*
*O mejor, hacer algo de bricolaje...*
*Para que lo uno no esté reñido con lo otro fabricaremos una preciosa y muy útil tumbona que disfrutaremos con todo deleite...*

# herramientas

Sierra de calar.
Papel de lija.
Cepillo.
Taladro y brocas de 10 y 6 mm de diámetro.
Tope de broca.
Punta de atornilladora.
Espátula.
Paletina.

# A

# materiales

Listones de roble de las siguientes medidas:
2 de 123 x 3,5 x 2 cm.
2 de 101 x 3,5 x 2 cm.
2 de 55 x 3,5 x 2 cm.
4 de 52 x 3,5 x 2 cm.
3 de 48 x 3,5 x 2 cm.
Tornillos *allen*.
Tuercas.
Arandelas.
Tirafondos.
Emplaste para madera.
Barniz.
2 tubillones de 42 cm y 14 mm de diámetro.
Tela de 120 x 50,5 cm.

**1** La tumbona que vamos a confeccionar será de madera de roble. Hemos escogido este material por su solidez, así como por su excelente resistencia a la intemperie.

Al tratarse de una madera muy dura, mataremos los cantos, es decir, los redondearemos con un cepillo de mano.

**2** El bastidor pequeño de la tumbona lleva varias muescas en su parte inferior, que servirán para regular la reclinación del respaldo del asiento.

Estas entalladuras son triangulares y en ángulo recto en la parte inferior, de forma que el bastidor que viene a apoyarse encuentre tope.

La muesca no tiene que ser demasiado profunda (1,5 cm a lo sumo), ya que de otro modo debilitaría demasiado la estructura, con el consiguiente riesgo de ruptura.

Dibujaremos clara y limpiamente la línea de corte y trabajaremos con la sierra de calar.

**3** También redondearemos todos los listones, utilizando como plantilla un rollo de cinta y la sierra de calar.

Lijaremos enérgicamente todas las piezas para darles un acabado agradable al tacto... Y, cómo no, a la vista.

**4** El montaje de los bastidores es sencillo. El más grande de todos lleva 2 travesaños en la parte superior, a 1 cm de separación, y 2 en la inferior (estas ranuras servirán para sujetar la loneta).

El segundo bastidor es un poco más pequeño y lleva un travesaño arriba y otro debajo. Esta pieza ensamblada encaja en el interior del bastidor grande.

Para terminar, el tercer bastidor tiene forma de «U».

Para ensamblar los listones presentaremos las piezas apoyadas en plano sobre una mesa, colocando un pequeño calzo bajo los travesaños de modo que queden a media madera de los montantes largos. Marcaremos con precisión la ubicación de los tirafondos y abriremos un agujero guía traspasando el montante y perforando el travesaño.

Para que los tornillos *allen* puedan disimularse, podremos avellanar la madera. De este modo será más sencillo tapar la cabeza con masilla de carpintero.

Atención con el escuadrado de las piezas... Un error de pocos centímetros afectará al montaje final.

**5** Para el ensamblaje de los distintos bastidores volveremos a echar mano del taladro. Presentaremos el bastidor grande y el pequeño, el de las muescas, en su interior.

Con una broca lo suficientemente larga perforaremos los 2 bastidores a la distancia indicada en la plantilla. Si modificamos esta medida podremos cambiar la posición de asiento a nuestro gusto.

Con este agujero como guía, avellanaremos en el interior del bastidor pequeño, no más de medio centímetro. Lo justo para disimular la tuerca que embutiremos en este rebajo.

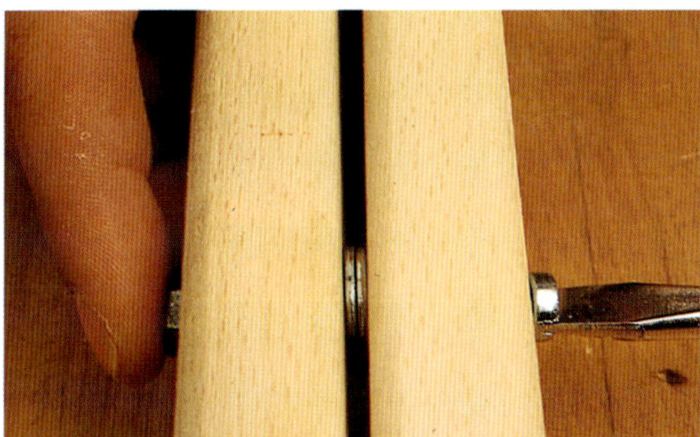

**6** Introduciremos el tornillo en la cara exterior del bastidor grande, sin olvidar deslizar 2 arandelas en la rendija entre los listones. Con estas piezas conseguiremos mantener una separación constante entre el bastidor interior y exterior, evitando que froten o choquen al abrir y cerrar la tumbona.

La pieza en forma de «U» irá unida del mismo modo al bastidor largo.

**7** La tumbona está ya casi acabada, pero aún nos queda barnizar la madera con un recubrimiento protector y decorativo.

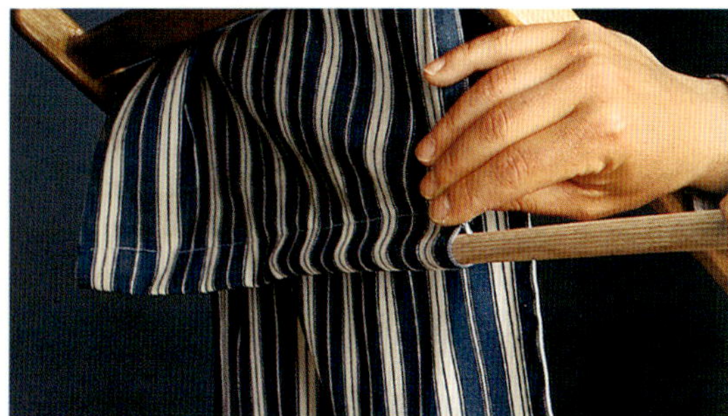

**8** Para la colocación de la lona realizaremos una costura en el extremo de la tela, confeccionando un dobladillo abierto en los extremos. De este modo, introduciremos primero la loneta en la ranura situada entre los travesaños del bastidor largo y a continuación deslizaremos el tubillón en el dobladillo. En la parte opuesta repetiremos la operación.

La loneta quedará aprisionada por el tubillón, pero al mismo tiempo será fácil de retirar para su lavado o sustitución.

## EL MATERIAL

| Pos. | Núm. | Denominación | Dimensiones |
|---|---|---|---|
| 1 | 2 | Listones de roble, grosor 20 mm | 123 x 3,5 cm |
| 2 | 3 | Travesaños de roble, grosor 20 mm | 48 x 3,5 cm |
| 3 | 2 | Listones de roble, grosor 20 mm | 55 x 3,5 cm |
| 4 | 4 | Travesaños de roble, grosor 20 mm | 52 x 3,5 cm |
| 5 | 2 | Listones de roble, grosor 20 mm | 101 x 3,5 cm |
| 6 | 1 | Tela | 120 x 50,5 cm |
| 7 | 2 | Tubillón | ∅ 1,4 x 42 cm |

**TUMBONA**

# Plantilla

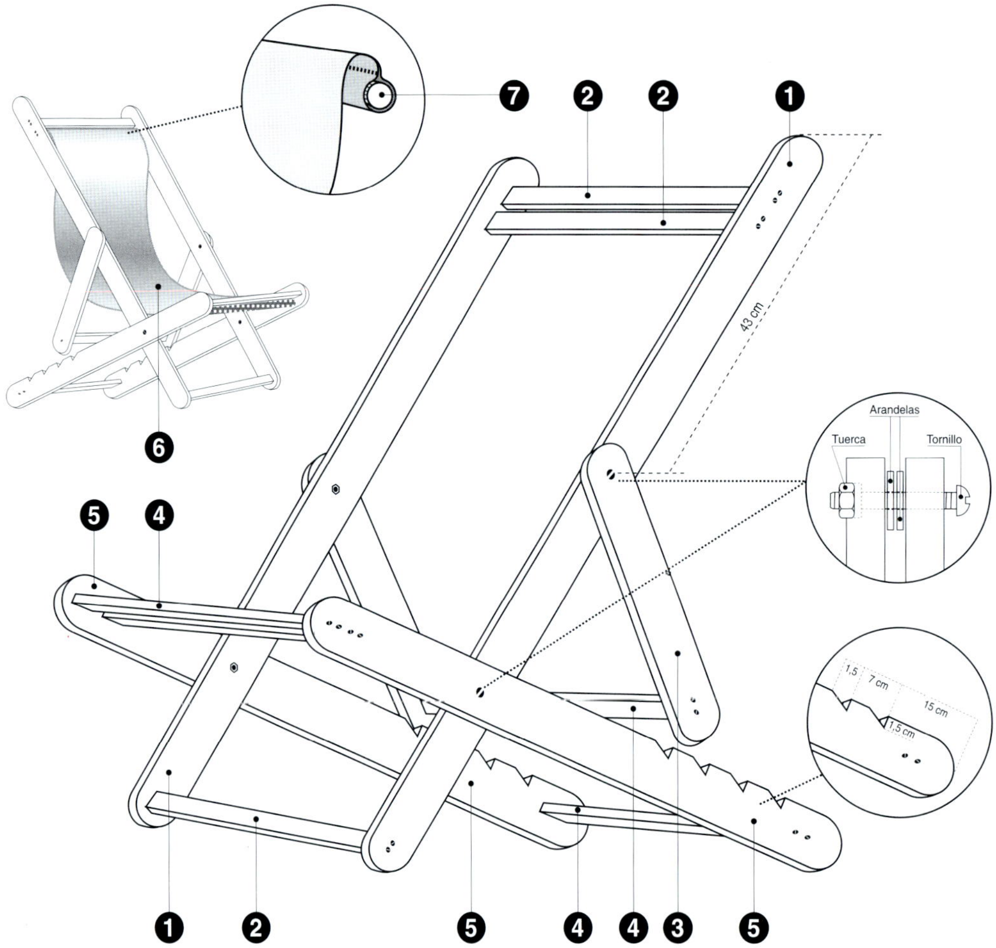

# Molduras y rosetones para techos

La decoración de los techos de casa suele quedar a menudo relegada a un segundo plano. Sin embargo, existen molduras y rosetones muy fáciles de colocar que realzarán el volumen de la habitación.

Los elementos de yeso se fijan con escayola, mientras que los de poliestireno expandido van sencillamente encolados.

Siguiendo nuestras indicaciones podréis colocar molduras o rosetones de este material ligero y de fácil manejo.

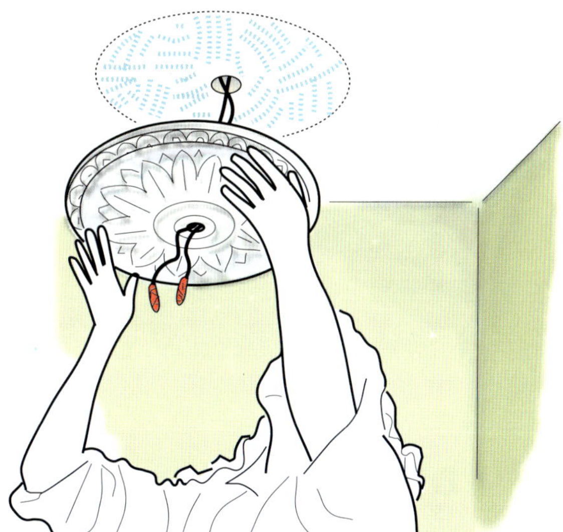

Como el rosetón suele ir en el mismo lugar que la lámpara, quitaremos la corriente eléctrica, la retiraremos y aislaremos los cables.

Para su colocación tendremos que emplear una cola para poliestireno, ya que muchos disolventes dañan este material.

Mediremos bien la ubicación del elemento y antes de colocar el rosetón abriremos un agujero para pasar los cables de conexión de la lámpara.

Cuando la cola esté a punto, presionaremos el elemento contra el techo con cuidado de no dañarlo, ya que podríamos llegar a aplastarlo.

Cuando el pegamento esté seco podremos pintar el rosetón (cuidado con el disolvente de la pintura), preferiblemente con pintura acrílica.

Cuando seque el trabajo podremos colocar de nuevo la lámpara, realizando las conexiones siempre con el interruptor general de corriente cortado.

# COMETA

*Volar es uno de los anhelos más deseados de la humanidad desde tiempos inmemoriales.*
*Una de las primeras experiencias en estos intentos corrieron a cargo de los chinos, precisamente con la utilización de enormes cometas.*
*Pero, por el momento, no nos interesan las emociones fuertes, así que nos ceñiremos a diseñar un bonito juguete volador: una cometa.*

## herramientas

Serrucho.
Pistola de encolar y barras de cola.

## materiales

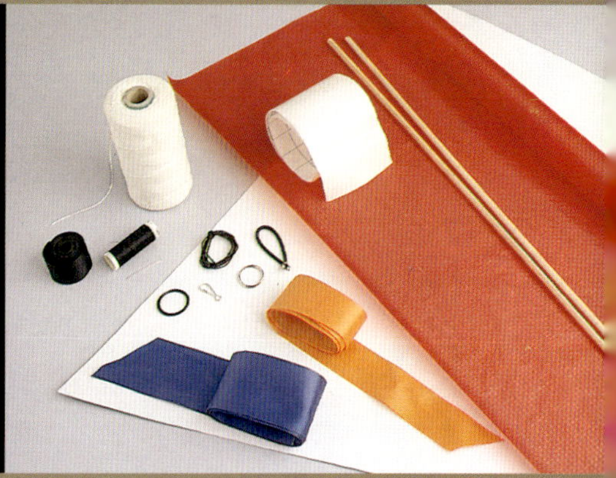

Cartón de 73 x 73 cm.
Tela de nailon para cometa de 100 x 80 cm.
5 m de cinta de nailon de 3 cm.
Hilo de nailon y aguja.
2 varillas de 1 m de 6 mm de diámetro.
Cuerda de nailon y aro de goma.
Rollo de cuerda.
Cinta de nailon adhesiva.
Goma para el pelo.
Anilla y gancho.

**1** Para el diseño de la plantilla recurriremos a la cometa más sencilla; se trata del tradicional romboide con una larga cola de estabilización.

Sobre el folio de cartón cortaremos la forma de la cometa.

Transportaremos esta silueta sobre el retal. Nosotros hemos encontrado una tela de nailon reforzada por un enrejillado, como la que se utiliza en las velas de los barcos. Tiene la cualidad de ser muy resistente y además no se deshilacha en los bordes cortados.

**2** Para reforzar y, al mismo tiempo, decorar los bordes de la cometa vamos a pegar una cinta, también de nailon, montada a medias entre la cara y el dorso de la cometa.

Cortaremos las cintas a ras, encolando bien los remates para que no se desprendan.

**3** En las cuatro puntas coseremos otras tantas fundas de nailon.

Estas piezas tienen que ir cosidas y no encoladas, ya que dejaremos los lados interiores y un costado (el que coincide con el interior de la cometa) abiertos para poder deslizar bajo el petacho la varilla del armazón.

**4** El siguiente paso será precisamente colocar las aspas que constituyen el armazón de la cometa. Uniremos las varillas por medio de una goma elástica, que evitaremos ceñir demasiado; en caso de choque, la elasticidad puede evitar la rotura de la madera.

Esta estructura puede ser de madera, aunque las cometas más perfeccionadas llevan varillas de fibras especiales ultraligeras y muy resistentes... Más adecuadas para futuras construcciones en las que nos arriesgaremos a hacer pinitos aeronáuticos.

**5** Puesto que las aspas «volarán» por la parte superior de la cometa, tendremos que perforar 2 agujeros en la tela.

También comprobaremos que la cuerda de sujeción sufre tensiones muy fuertes; por ello, nos curaremos en salud reforzando los puntos más castigados de la tela de la cometa: colocaremos 2 pequeñas tiras de tejido adhesivo en ambas caras de la tela para reforzar el agujero por el cual pasará la cuerda de sujeción del volátil.

Perforaremos las 3 capas (adheridas) de nailon con un clavo candente evitando, de este modo, cualquier posibilidad de deshilachamiento.

Introduciremos a continuación un trozo de cuerda a través de los agujeros.

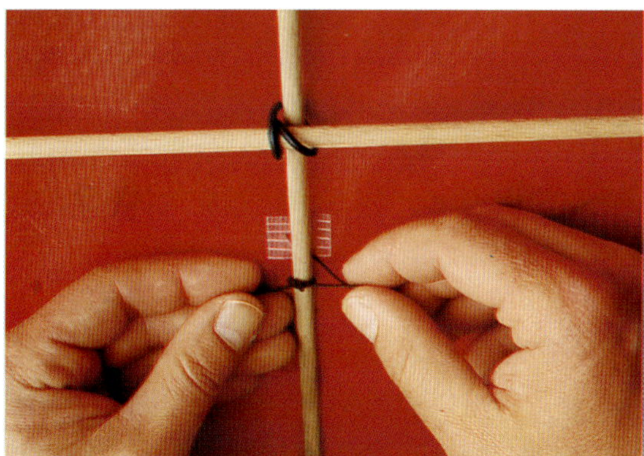

**6** Los extremos de esta cuerda, lo suficientemente holgada para que reparta la fuerza de tensión de la cuerda en los dos puntos del aspa, los ataremos a la varilla vertical de madera.

Podremos experimentar modificando los puntos de unión de esta cuerda que, a su vez, alterarán las capacidades acrobáticas del ingenio volador.

**7** Un elemento importante de las cometas es el ovillo de cuerda que sujetaremos en el suelo.

Nosotros hemos confeccionado el modelo más sencillo: un tubillón cortado a medida, al que hemos practicado 2 hendiduras en los extremos. En estas ranuras podremos aprisionar la cuerda evitando que se enmarañe accidentalmente.

Para sujetar la cuerda a la cometa ataremos una anilla a la cuerda de la cometa y un cierre de gancho a la cuerda.

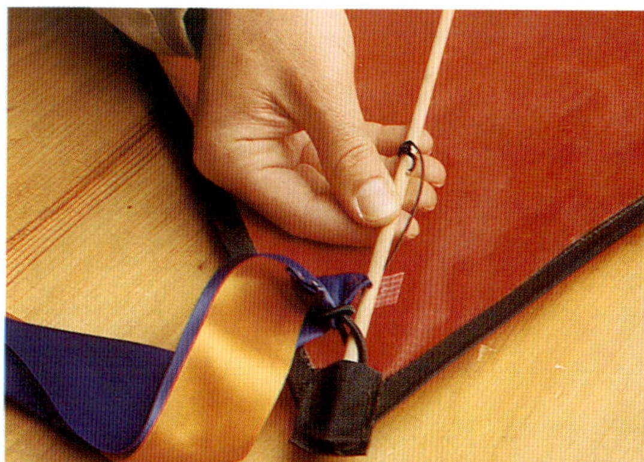

**8** El último detalle es esencial para que nuestra cometa vuele con gracia.

Uniremos 2 o 3 cintas de nailon de unos 3 m de largo en uno de sus extremos.

Plegaremos las cintas juntas, sobre 1 o 2 cm, y perforaremos las telas superpuestas con la técnica del clavo candente, e introduciremos una goma de pelo fijando la unión. Las tres cintas penderán de esta goma que, a su vez, introduciremos en la parte baja de la cometa deslizándola en la varilla central.

Con esta cola y un poco de buen viento, seguro que lo pasaremos de primera con el nuevo juguete...

# Brocas planas y extensibles

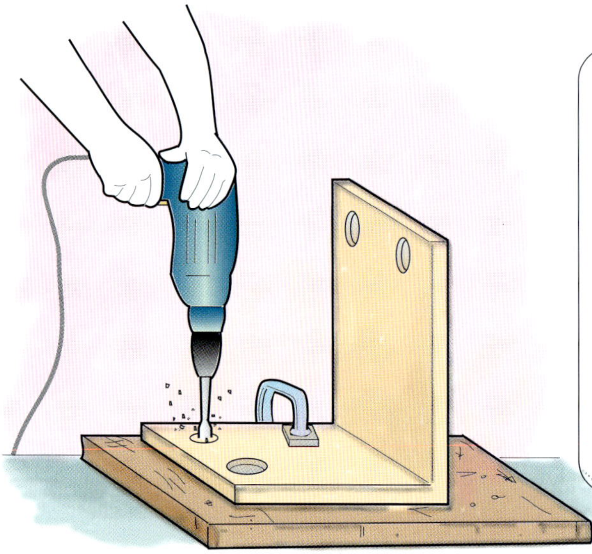

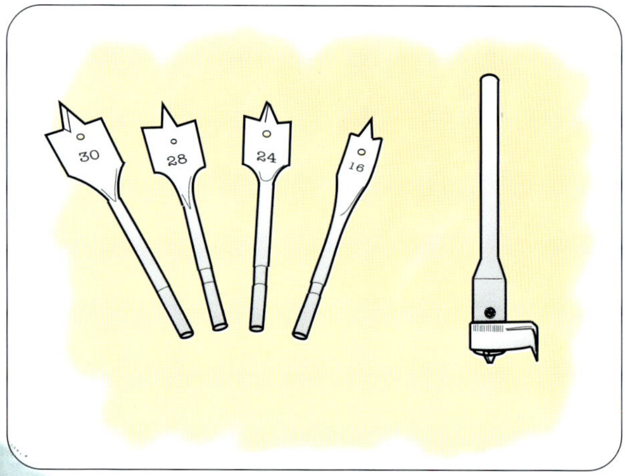


TRUCOS

**LIMPIEZA DE...**

OBJETOS DE ORO
Los objetos de oro se limpian con agua jabonosa con bicarbonato, y se aclaran con agua fresca. Otra manera de limpiarlos es calentando un poco de agua con jabón de sosa e introduciéndolos cuando hierva. Al poco tiempo, estarán limpios y relucientes.

Perforar un agujero en la madera o en cualquier otro material es una operación que requiere precisión... Echar mano de una broca plana es una opción muy ventajosa...

Las brocas planas, de tres puntas o «de centrar» —los tres nombres describen alguna de las características de estos accesorios— se usan para realizar agujeros anchos en la madera y están hechas de acero al carbono. Como sus nombres indican, estas brocas son planas y tienen tres puntas.

La punta del centro sirve para hacer el agujero previo de centrado en el punto exacto deseado.

Una vez iniciada la rotación, las otras dos puntas afiladas perforan la madera como si se tratase de dos cepillos.

Este tipo de brocas se utilizan con el taladro regulado a velocidad reducida y máxima fuerza de rotación.

Un sistema muy similar es el de las brocas extensibles o de diámetro regulable.

Una de las hojas o cuchillas de punta es móvil por medio de un pequeño tornillo graduable.

Presentan la ventaja de hacer el mismo servicio que un amplio juego de brocas; además, pueden perforar a medidas intermedias.

# Bulbos de primavera

Aunque resulte paradójico, la época de plantación de los bulbos de primavera es el otoño.

Las plantas tienen que echar raíces antes de las primeras heladas, de otro modo, en primavera (de ahí su nombre) nos encontraremos con flores estropeadas.

Muchos bulbos pueden florecer en interior, pues son poco caprichosos y sólo piden suelos preferiblemente secos. Para ello aportaremos algo de arena a la tierra del tiesto.

Cada bulbo tiene su medida y su profundidad de plantación. Existen plantabulbos que permiten escoger tamaño y profundidad del hoyo.

Una vez bajo tierra, es conveniente señalar su ubicación exacta para no despistarnos durante el período latente.

Si después de la floración no retiramos el bulbo, volverá a florecer el próximo año. Es importante cortar las flores y añadir en invierno abono de liberación lenta.

Si, por el contrario, decidimos sacar los bulbos de la tierra, no hay que arrancarlos hasta que la hoja se haya marchitado totalmente. Los guardaremos en lugar seco y ventilado, mejor envueltos en periódicos viejos, hasta el otoño.

# INVERNA

# *por*

*Aunque asociemos el invernadero a una construcción voluminosa reservada a aquellos que disponen de un amplio terreno o jardín, nada más lejano a la realidad. Con la idea que os proponemos veréis que las flores o plantas de invernadero caben perfectamente en nuestro balcón o en la terraza... Será, además, una excelente ocasión para trabajar con nuevos materiales como el policarbonato celular o el aluminio; ¡sencillo y útil!*

# herramientas

Sierra de calar.
Taladro.
Brocas para metal de 3 y 5 mm.
Destornillador.
Sierra de metal.

# DERO

# *tátil*

# materiales

Policarbonato celular:
1 pieza de 128 x 45 x 1 cm. 1 pieza de 128 x 50 x 1 cm.
2 piezas de 50 x 45 x 1 cm. 1 pieza de 136 x 52 x 1 cm.
Remates de plástico para cantos de 1 cm.
Ángulos de aluminio:
2 de 50 x 4 x 4 cm. 2 de 45 x 4 x 4 cm.
2 de 50 x 3 x 3 cm. 2 de 45 x 3 x 3 cm.
6 chapas de aluminio de 3 x 6 cm.
3 bisagras de aluminio. 1 bisagra de latón.
Tornillos de latón. Tuercas. Arandelas.
Listón de madera de 4 x 2 x 45 cm.
2 tubillones.
Cuerda.

**1** La construcción que vamos a realizar es, sencilla y llanamente, un cajón sin fondo. La tapa superior irá unida con bisagras y la ensamblaremos con un poco de pendiente para que el agua evacúe con facilidad.

Cortaremos, con la sierra de calar y una cuchilla de pelo fino (existen especiales para estos materiales), el policarbonato celular, que pese al rimbombante nombre no es más que un plástico de doble espesor con compartimentos rectangulares huecos.

Otra cualidad de este material, muy a tener en cuenta, es que una de sus caras filtra los rayos ultravioletas y por ello, en todo momento, tenemos que cuidarnos en colocarlo siempre hacia el exterior (el material lleva un plástico protector que especifica cuál es el lado interior y cuál el exterior).

La sierra de calar cortará con irregularidad el material, ya que tiene que cortar el nervio del enrejillado; por ello es conveniente colocar un listón guía contra el patín, que nos ayudará a llevar un corte recto.

**2** El corte de las piezas, en realidad, no conlleva ningún problema. Ni tan siquiera el ensamblado de las piezas.

Emplearemos ángulos de aluminio que cortaremos a medida presentando las piezas de policarbonato. Emplearemos la sierra de mano con una cuchilla para metal.

En cada esquina irán 2 ángulos, uno al exterior y otro al interior, atravesados (tanto los ángulos de aluminio como el plástico) por tornillos. Las piezas de policarbonato quedarán aprisionadas en bocadillo por los perfiles de aluminio y perfectamente sujetas por los tornillos y tuercas.

Comenzaremos colocando los perfiles sobre las piezas laterales y, a continuación, con el cajón presentado, perforaremos los orificios que fijarán las placas frontal y trasera.

**3** Para evitar que entre agua en las celdillas del policarbonato colocaremos un remate de plástico en forma de «U», que encaja a presión (siempre que sea de la medida adecuada). Este remate también puede ir pegado con la cola adecuada.

**4** Antes de colocar la tapa superior terminaremos de ensamblar el cajón-invernadero.

Apretaremos los tornillos, sujetando por el interior la tuerca (con arandela) con la llave de la medida correspondiente, o girando el tornillo exterior (de cabeza phillips) con un destornillador de boca plana.

Evitaremos apretar demasiado las tuercas, ya que las celdillas del policarbonato tienden a aplastarse si se presiona demasiado.

**5** La tapa también va rematada con el perfil en forma de «U».

Para un ensamble óptimo de las bisagras colocaremos unas pequeñas chapas en la cara interior, donde van las tuercas.

De este modo, el apriete tornillo-rosca se hará, al igual que en las esquinas del cajón, entre 2 pletinas (una, la de la bisagra; la segunda, la que hemos colocado en el interior). Evitaremos de este modo rasgar el plástico y perder la sujeción de la tapa.

En caso de utilizar arandelas, tendrán que tener un diámetro exterior considerable.

Terminaremos el trabajo colocando 2 cuerdas a modo de asas, y un pequeño listón que hará de tope (regulable por los tubillones) para mantener la tapa más o menos abierta y ventilar las plantas siempre que lo queramos.

## EL MATERIAL

| Pos. | Núm. | Denominación | Dimensiones |
|---|---|---|---|
| **1** | 1 | Chapa de policarbonato, grosor 10 mm | 128 x 45 cm |
| **2** | 1 | Chapa de policarbonato, grosor 10 mm | 128 x 50 cm |
| **3** | 2 | Chapa de policarbonato, grosor 10 mm | 50 x 45 cm |
| **4** | 1 | Chapa de policarbonato, grosor 10 mm | 136 x 52 cm |
| **5** | 2 | Ángulo de aluminio | 50 x 4 x 4 cm |
| **6** | 2 | Ángulo de aluminio | 50 x 3 x 3 cm |
| **7** | 2 | Ángulo de aluminio | 45 x 4 x 4 cm |
| **8** | 2 | Ángulo de aluminio | 45 x 3 x 3 cm |
| **9** | 1 | Perfil de plástico | 4 metros |
| **10** | 2 | Bisagras de aluminio | 10 cm |

# Plantilla

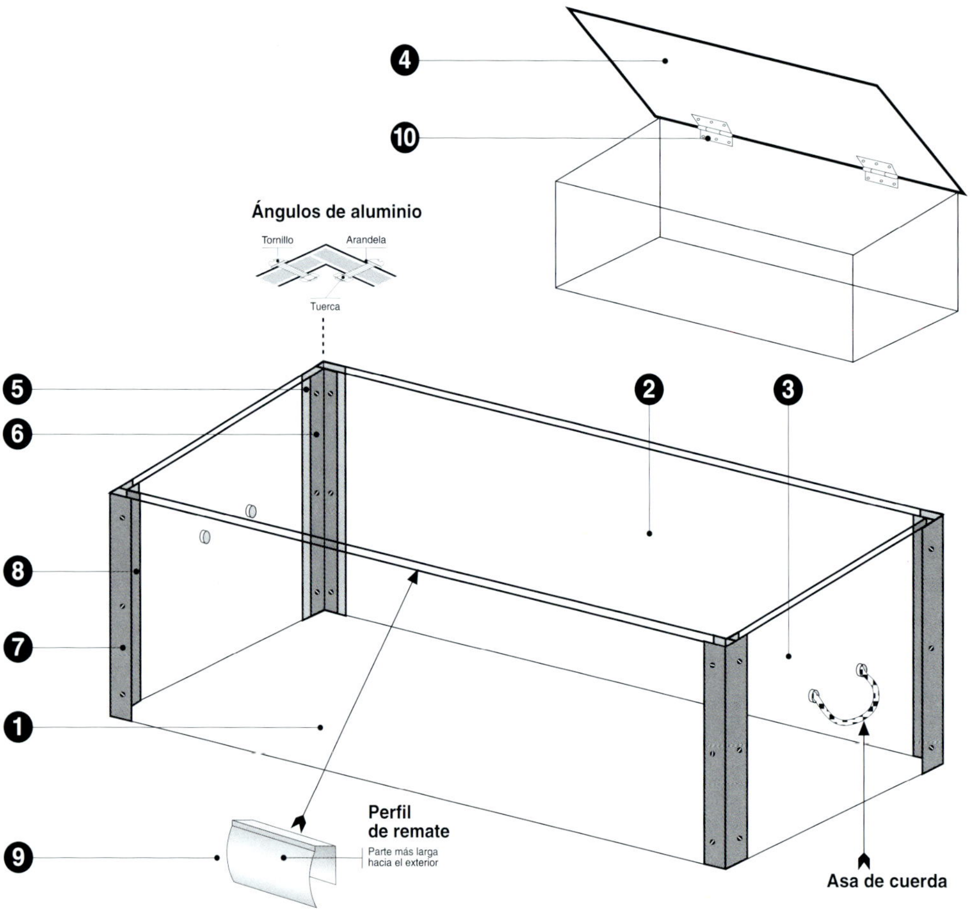

4
10
Ángulos de aluminio
Tornillo
Arandela
Tuerca
5
6
2
3
8
7
1
Perfil
de remate
9
Parte más larga
hacia el exterior
Asa de cuerda

# *Mulch* y recubrimientos para tierra

Como regla general, el abonado de la tierra se realiza durante el período activo de la planta, al comienzo de la primavera.

Los revestimientos y los *mulch* son materiales que se aplican a la superficie del suelo. Se usan para mejorar el desarrollo de las plantas, para aumentar el contenido en nutrientes y para reducir la pérdida de agua del suelo.

Además de la turba o del abono se puede utilizar grava, arenisca gruesa, arena de Cornualles y, sobre todo, cáscaras, cortezas o fibras vegetales.

Antes de colocar la capa protectora arrancaremos todos los hierbajos. Otra de las propiedades del *mulch* es precisamente la de impedir la germinación de semillas indeseables.

Para plantas pequeñas y medianas extenderemos el *mulch* siguiendo la extensión completa de la copa de las hojas. Una capa de cinco o diez centímetros hará funciones de aislante térmico, tanto contra el calor como contra el frío, sobre todo a comienzos de primavera, cuando aún nos puede sorprender alguna helada.

# PINTAR *una*

*¡Ya va siendo hora de aventurarnos en trabajos de bricolaje más atrevidos!*
*Pintar con pistola y compresor no es tarea difícil, pero más vale practicar antes de acometer trabajos de importancia.*
*La vieja moto se presta a las mil maravillas para ser nuestra primera empresa como pintor experimentado.*

## herramientas

Lijadora con lijas para metal.
Papel de lijas al agua.
Espátula.
Destornillador.
Compresor y pistola.

# *moto*

## materiales

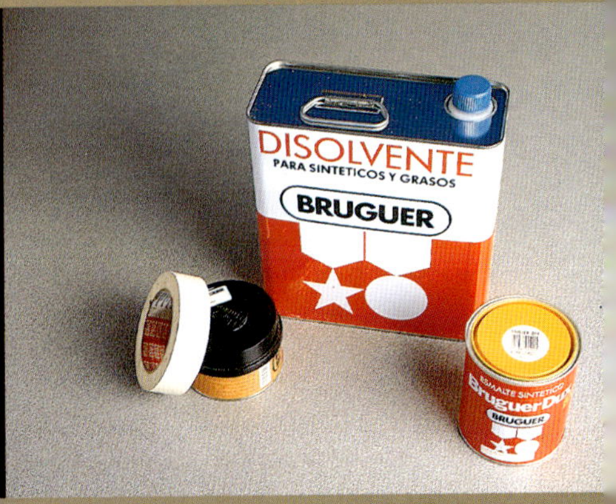


Cinta de carrocero.
Pasta para carrocería.
Disolvente y pintura.

El material que necesitamos para pintar la moto es muy limitado, pero bastante específico.

Encontraremos pistolas pulverizadoras de pintura y compresores en alquiler en tiendas especializadas en bricolaje, o incluso en muchos almacenes de pintura.

También la pasta de carrocero es especial; se trata habitualmente de una pasta de fibra de vidrio que encontraremos en tiendas de pintura.

Pero sin más prolegómenos vamos a entrar en materia...

**1** Pintar la moto no consiste en coger la pistola y dejarlo todo de un color.

Muchos elementos hay que retirarlos o cubrirlos. El trabajo más limpio consiste en desmontar las piezas que no van pintadas: mandos, intermitentes, asiento, cromados... A menudo, las piezas son complicadas de desmontar y resulta más cómodo olvidarse, momentáneamente, de ellas.

Un trabajo esencial es eliminar por completo el óxido... La lija se convierte en elemento imprescindible. A máquina, a mano, e incluso con el cepillo de púas metálicas... Agradeceremos todos los accesorios de la caja de herramientas...

**2** Pueden retirarse otros elementos como el cubremotor, el guardarruedas, el guardabarros, o incluso piezas del carenado. Aprovecharemos para soltarlos, reparar las abolladuras y pintarlos por separado.

Para reparar las abolladuras trabajaremos con el martillo (existe uno específico de carrocero) y el tas (yunque de mano). En lugar de esta herramienta podremos emplear un segundo martillo.

Con calma, pero con energía, enderezaremos los abollones más importantes.

**3** Aplicaremos a continuación pasta de carrocero de forma muy similar al tapagrietas o la pasta igualadora.

Se trata de una pasta que mezclada con el endurecedor o catalizador se solidifica en pocos minutos.

Trabajaremos a poquitos (para que la pasta no se pase), repasando las piezas sueltas y las de la moto.

Procuraremos uniformar las superficies con la espátula.

A continuación, volveremos a lijar con papel de grano muy fino, hasta que todas las superficies queden perfectas al tacto.

**4** Ya estamos casi a punto para pintar, pero antes cubriremos todas las piezas que no queramos manchar (matrícula, manillas, ruedas...). Utilizaremos papel de periódico y cinta de carrocero.

Cuanto más minuciosa sea esta operación, tanto mejor quedará el resultado final en lo que respecta a manchas y perfilados.

También prepararemos la pintura.

Para pintar con pulverizador nos atendremos a las indicaciones del fabricante de pintura y del material (pistola) que utilicemos.

Para esta técnica de recubrimiento, la pintura siempre va diluida (proporción indicada por el fabricante). Además, tamizaremos la dilución antes de verterla en el depósito de la pistola.

**5** ...¡A pintar!... ¡Pero cuidado!, recubriremos todo el entorno (mucho mejor si salimos al exterior). Será necesario ventilar bien la habitación y cubrirnos de arriba a abajo con mascarilla, gorro y gafas incluidas.

La pintura pulverizada tiende a desplazarse con cualquier corriente de aire y lo mancha todo... incluidos nuestros pulmones... ¡Andad con cuidado!

Probaremos primero la pintura sobre un papel o cartón hasta que la proyección sea uniforme.

Pulverizaremos las zonas que queremos pintar desde una distancia aproximada de 30 o 40 cm. Desplazaremos continuamente la pistola en movimientos regulares, barriendo la superficie que pintemos.

Cuidado con los claroscuros y los excesos de pintura que se traducen en goteos o chorretones.

En función de la pintura y el color aplicaremos 2, 3 o 4 manos, o las que sean necesarias.

Cuidado también con el polvo y las partículas de suciedad... Durante el secado todo parece tener la perversa manía de pegarse a lo recién pintado...

Como todo os habrá ido bien, no os quedará más remedio que cambiar los viejos embellecedores por unos nuevos y dejar la moto reluciente...

# Falso estuco

T R U C O S

**MANTENIMIENTO Y LIMPIEZA**

Para taladrar una pared de escayola o yeso, o perforar un azulejo y evitar que se resquebraje, pegar celo o esparadrapo en la zona a taladrar (siempre sin percusión). Cuando perforemos metal costará menos si previamente empapamos la punta de la broca en un poco de aguarrás.

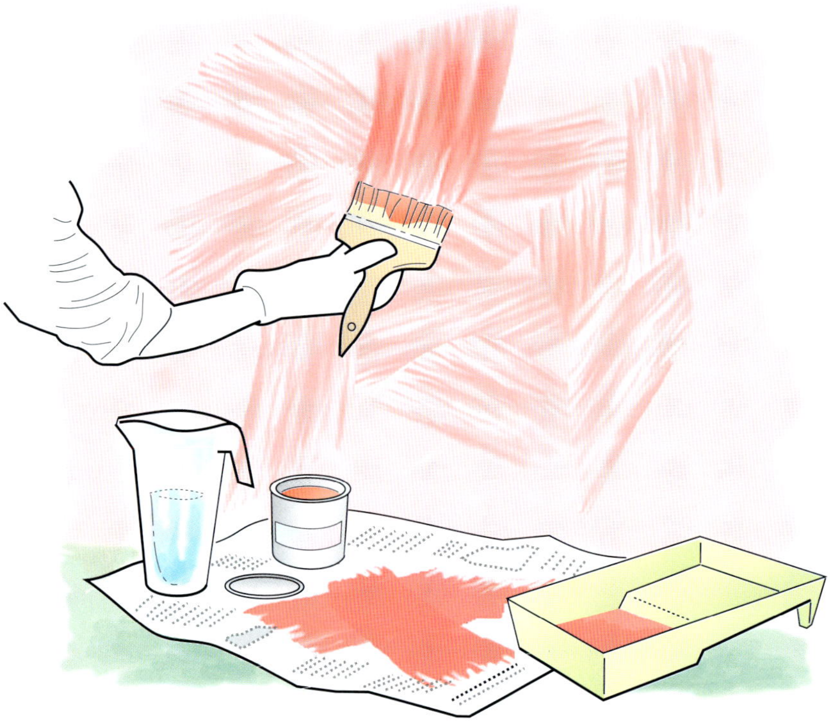

Con el falso estuco se reproduce en las paredes el antiguo estuco veneciano.

Se trataba de un acabado a base de yeso o mármol triturado muy fino mezclado con cal, con el que se recubrían los muros y paredes en la antigüedad.

Para esta imitación, la pared tiene que estar limpia, seca y lisa... Aunque con este tipo de acabado se disimulan a las mil maravillas los desperfectos.

Con un rodillo aplicamos una pintura plástica satinada de un tono bastante más claro del que vamos a emplear para el estucado.

Mezclaremos cuatro partes de agua y una de pintura en una cubeta de plástico o bandeja.

A continuación aplicaremos la mezcla con una paletina ancha, de unos dieciocho centímetros, conocida familiarmente con el nombre de paletina canaria.

Impregnaremos la paletina de pintura y descargaremos parte sobre un trozo de papel de periódico.

El falso estuco consiste en dar brochazos de forma irregular y en distintas direcciones.

Estiraremos o «peinaremos» la pintura difuminando siempre los bordes de la mancha con la brocha casi descargada, sin apenas pintura.

Si quedaran claros muy marcados los podremos repasar con la brocha humedecida, siempre que la pintura no haya empezado a secar.

El acabado final debe presentar un aspecto de claroscuro o de nube.

Si se desea, se puede aplicar una segunda mano repitiendo el proceso.

# Preparación del jardín para el invierno

Para proteger las plantas del frío invernal procuraremos usar materiales del propio jardín. Comenzaremos recogiendo la hojas caídas; éstas no enriquecen el suelo, en cambio sí favorecen la proliferación de musgos y la asfixia del césped. Pasaremos el montón de hojas que obtengamos a través del cedazo. La parte que aún no se haya convertido en humus la colocaremos bajo ortigas, cubriéndola con plásticos; esto acelerará el proceso de descomposición.

Extenderemos el *compost* en capas de unos quince centímetros alrededor de la base de los arbustivos; será nuestra garantía contra las heladas.

Otra fórmula para proteger las plantas o arbolitos del frío consiste en construir un parapeto de plástico sujeto con cuatro estacas. Obtendremos un mini invernadero muy eficaz; no olvidaremos abrir orificios de ventilación en el plástico.

Un parapeto de paja trenzada alrededor de las plantas hará la misma labor.

Las hojas de periódico son un material de primera clase en la protección contra heladas.

T R U C O S **JARDINERÍA**

Los cactus requieren pocos cuidados, pero vivirán más tiempo si se plantan en un recipiente que tenga poco fondo y junto con otras plantas de su misma especie. Por supuesto, regaremos poco y siempre cuando no les dé el sol, añadiendo abono líquido cada dos riegos.

# JARDINE

*m*

*Transformar objetos o recuperar materiales para usos totalmente distintos al original es un arte estrechamente ligado al bricolaje.*
*En muchos polígonos industriales hallaremos* palets, *de calidades y dimensiones muy variables, tirados en rincones a la espera de ser recogidos y reciclados.*
*No demoraremos esta espera, cogeremos uno o lo solicitaremos en algún almacén y, a partir de esta pieza, construiremos una jardinera móvil provista de celosía.*

herramientas

Lijadora excéntrica.
Sierra.
Caja de ingletes.
Sierra de calar.
Martillo.
Brocha.

# RA
# *óvil*

materiales

*Palet.*
Celosía de 218 x 85 cm.
4 listones de madera de 3 x 15 x 250 cm.
3 listones, también de madera, de 2 x 7 x 250 cm.
Cola de carpintero.
Clavos de cabeza perdida.
Barniz marino.
Ruedas.
Tirafondos.
Césped artificial.

# JARDINERA
*móvil*

**1** Las dimensiones de los *palets* varían en función del sector del que proceden. Nuestra propuesta consiste en construir una base adaptando las medidas originales del *palet* a nuestras necesidades.

Con la sierra de calar cortaremos el *palet* en dos, aprovechando la estructura central. Emplearemos una cuchilla bimetal, especial para el corte de madera y metal (para casos en los que la estructura de madera pueda tener clavos).

De la pieza de caída extraeremos los listones más largos y todos los elementos reutilizables.

Tendremos buen cuidado con los clavos o grapas de ensamble del *palet*, retirándolos de inmediato.

**3** Con los listones de madera prepararemos un zócalo (3 piezas, una para cada costado visto), un listón intermedio y un tercer remate con cortes o rebajos decorativos (véase la plantilla).

Estos elementos servirán para embellecer el contorno del *palet* (habitualmente muy tosco) y construir un reborde a la plataforma.

Daremos forma a la pieza superior con la sierra de calar y la uniremos a la intermedia con clavos y cola. Introduciremos clavos a media profundidad y cortaremos la cabeza de éstos. Tras aplicar cola, colocaremos la pieza intermedia contra los clavos cortados. Golpearemos este listón (por medio de un taco, para no dañar la superficie) hasta embutir el medio clavo cortado. De este modo, quedarán unidas la pieza intermedia y la superior.

Antes de ensamblarlas a la base, lijaremos todas las superficies.

**2** Los listones más largos los reutilizaremos en la base que hemos guardado. Clavaremos estas piezas en los intervalos entre travesaños y con los restos rellenaremos (con taquitos) los huecos que quedan.

En este paso os remitimos al apartado sobre el clavado, puesto que la solidez de la construcción está ligada a un buen claveteado en oblicuo.

**4** Comenzaremos clavando el zócalo sobre la base del *palet*, primero la pieza frontal y luego las 2 laterales (clavando siempre en oblicuo).

Colocaremos a continuación los montantes intermedio y superior, que están unidos.

Dejaremos entre el zócalo y el listón intermedio un pequeño espacio, que estableceremos con un par de tacos (1 o 2 cm).

Mantendremos esta medida en la configuración de los laterales.

**5** La base está prácticamente lista. Botaremos todas las puntas y las disimularemos con masilla de carpintero.

En cuanto seque, volveremos a lijar toda la superficie para dejar un acabado perfecto.

**6** La celosía que uniremos en la parte posterior también es de madera. Encontraremos muchos modelos con distintas formas y colores en tiendas de bricolaje o jardinería.

Para reforzar esta estructura y, además, embellecerla, construiremos un marco de listones de madera.

Utilizaremos la caja de ingletes para cortar los listones y ensamblar los ángulos de unión de este marco. Cortaremos todas las piezas por duplicado, con el fin de colocar el mismo marco en ambas caras de la celosía. El entrecruzado de madera quedará de este modo en bocadillo entre los marcos.

Una vez que la estructura esté montada y la cola seca, uniremos la pieza a la base por medio de 4 tirafondos largos que traspasen los 2 marcos y la celosía que va en medio.

**7**

La jardinera irá sin duda al exterior, y para protegerla de las inclemencias del tiempo aplicaremos un fondo protector y un barniz marino de alta resistencia. No debemos olvidar que esta madera estará casi constantemente sometida al acoso del agua, de lluvia o de riego. Será necesario dar una mano previa de barniz ligeramente diluido y una o dos posteriores del recubrimiento sin diluir.

También colocaremos en la parte inferior 4 ruedas que nos permitirán desplazar la jardinera.

**8**

Finalmente, cortaremos un trozo de césped artificial a medida de la base. Recubriremos de este modo la plataforma sobre la que podremos colocar las plantas.

Gracias a las ruedas, la jardinera cumplirá como celosía, separando espacios, pero también como jardinera.

Por supuesto, colocaremos plantas trepadoras que recubran la espaldera. En el centro de la jardinera lucirán las plantas más altas y alrededor las más bajitas, buscando una composición armoniosa y colorida...

## *EL MATERIAL*

| Pos. | Núm. | Denominación | Dimensiones |
|---|---|---|---|
| **1** | 1 | *Palet* | 80 x 65 cm |
| **2** | 4 | Listones de pino | 3 x 15 x 250 cm |
| **3** | 3 | Listones de pino | 2 x 7 x 250 cm |
| **4** | 1 | Celosía de pino | 218 x 85 cm |
| **5** | 4 | Ruedas giratorias | Estándar |

# Plantilla

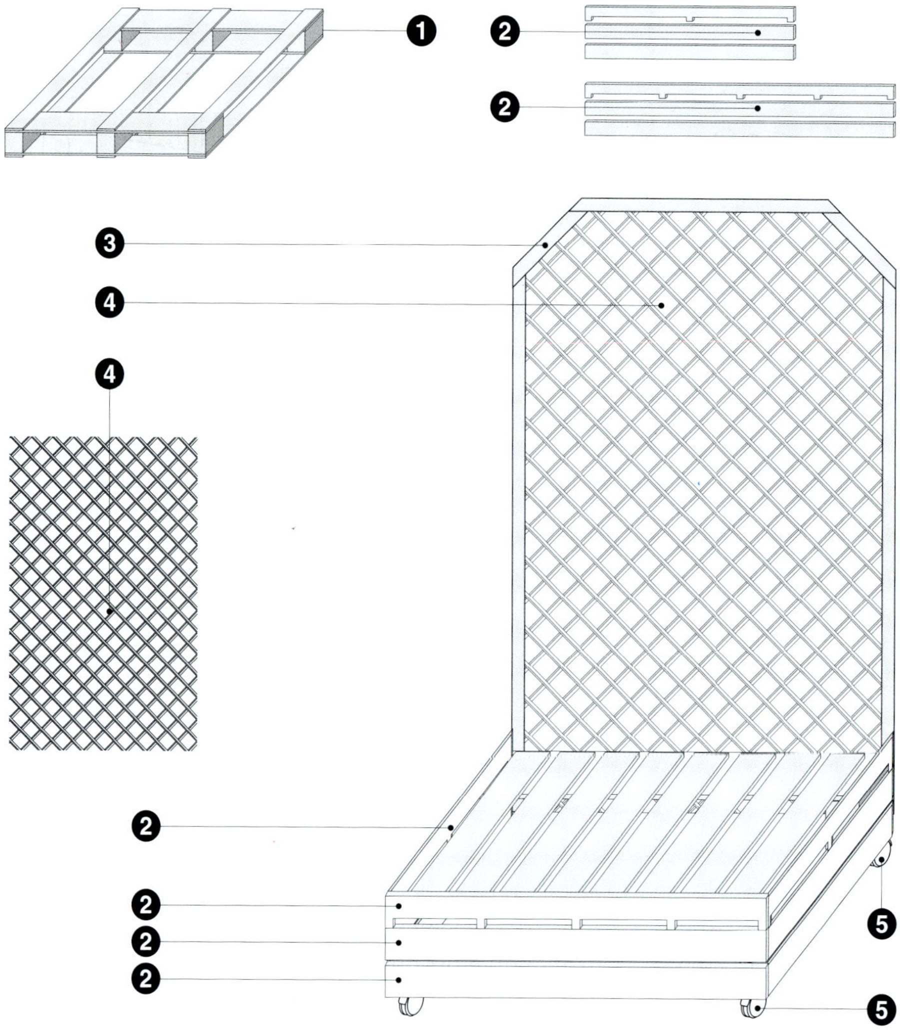

# Cesto corredero para mueble de cocina

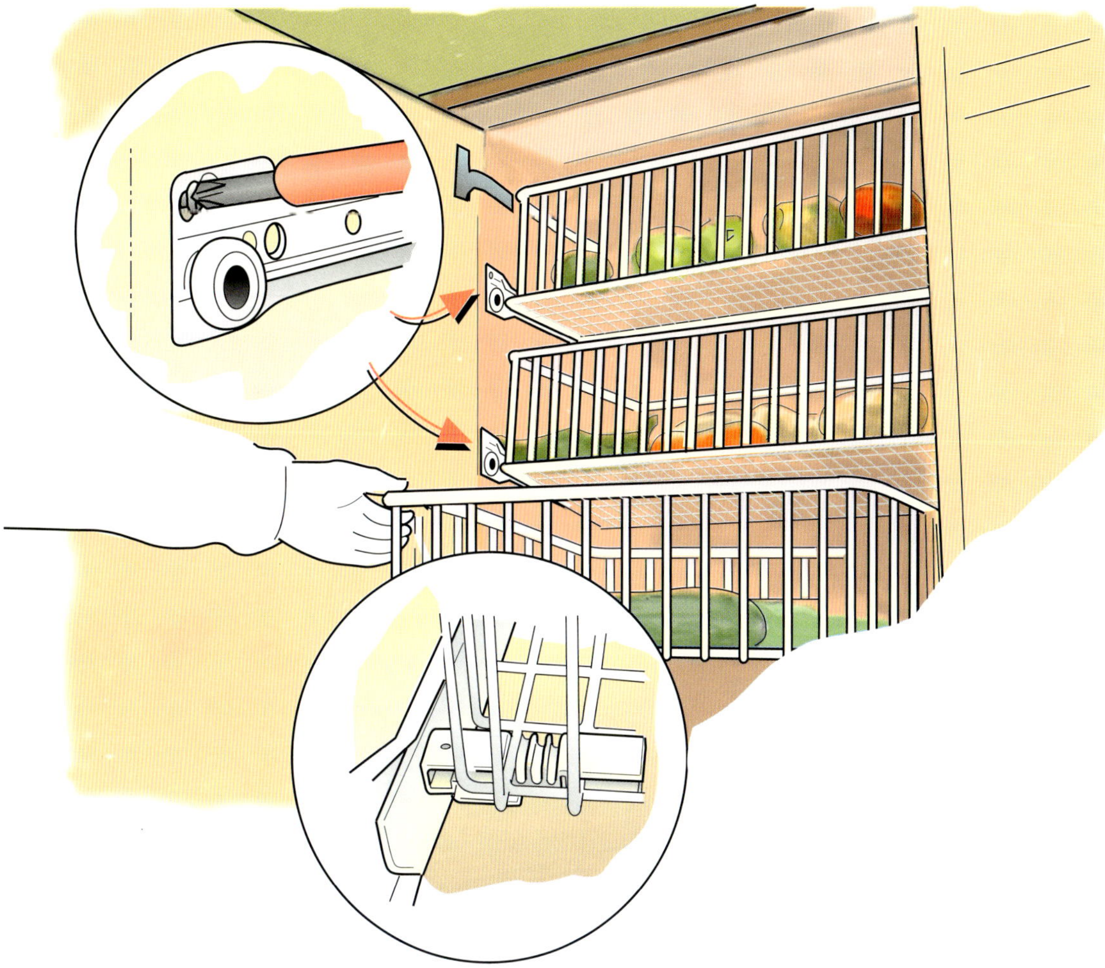

Una ingeniosa solución para los problemas de espacio y distribución que presentan los armarios consiste en colocar una serie de bandejas o cestillos correderos a modo de cajones. En el mercado encontraremos una surtida gama de modelos adaptables a las características de nuestro armario.
Lo primero que debemos hacer es vaciar el armario y retirar las baldas.
Verificaremos que la bandeja y el mecanismo encajan a la perfección.
Aprovecharemos para marcar los puntos de sujeción de las guías. Es muy importante que los carriles-guía del cestillo estén perfectamente alineados y sean paralelos.
Para asegurar una colocación perfecta podremos cortar una plantilla de cartón. La altura de este rectángulo nos indicará, desde la base del armario, el lugar exacto donde colocar las guías a ambos lados del armario.
Abriremos un pequeño agujero guía con el punzón de manera que introduzcamos con más facilidad los tirafondos del carril.
Sólo nos queda colocar los distintos cestillos o bandejas sobre las guías, como si se tratara de cajones.

# Índice onomástico

# D



# E



# F



# G



# H



# I



# J



# L